安全生产知识普及百问百答丛书

班组安全建设百问百答

安全生产知识普及百问百答丛书编写组

杨　勇　时　文　王琛亮　葛楠楠　曹炳文

佟瑞鹏　刘松涛　任彦斌　秦荣中　徐孟环

孙　超　韩雪萍　杨晗玉　王一波　翁兰香

中国劳动社会保障出版社

图书在版编目(CIP)数据

班组安全建设百问百答/《安全生产知识普及百问百答丛书》编写组编. —北京：中国劳动社会保障出版社，2015
(安全生产知识普及百问百答丛书)
ISBN 978-7-5167-1774-5

Ⅰ. ①班… Ⅱ. ①安… Ⅲ. ①班组管理-安全管理-问题解答 Ⅳ. ① F406.6-44

中国版本图书馆 CIP 数据核字(2015)第 071945 号

中国劳动社会保障出版社出版发行
(北京市惠新东街 1 号 邮政编码：100029)
*
国铁印务有限公司印刷装订 新华书店经销
850 毫米×1168 毫米 32 开本 4.875 印张 106 千字
2015 年 4 月第 1 版 2020 年 12 月第 4 次印刷
定价：18.00 元

读者服务部电话：(010) 64929211/84209101/64921644
营销中心电话：(010) 64962347
出版社网址：http://www.class.com.cn

目录

相关概念

严抓班组生产现场安全管理

掌握安全生产技术

执行班组安全生产标准化

提高班组长安全生产素质

组织班组安全生产教育

开展安全生产活动

创建班组安全文化

相关概念

1. 什么叫安全?

安全和危险是相对的，没有绝对的危险，也没有绝对的安全。安全是指人们在生产、生活中不会遭受人身伤害以及财产损失。

安全表现在没有危险、不出事故的状态。生产过程中的安全，即安全生产，是指“不发生工伤事故、职业病、设备或者财产损失”。

危险度是事故发生的可能性与严重性的二元函数，是两者的结合。按照系统安全工程观点，危险是指系统中存在导致发生不期望后果的可能性超过了人们的承受程度。从危险的概念可以看出，危险是人们对事物的具体认识，必须指明具体对象。如危险环境、危险条件、危险状态、危险物质、危险场所、危险人员、危险因素等。

安全生产是为了使生产过程在符合物质条件和工作秩序下进行，防止发生人身伤亡和财产损失等生产事故，消除或控制危险有害因素，保障人身安全与健康，设备和设施免受损坏，

环境免遭破坏的总称。

安全生产管理是指针对人们生产过程的安全问题，运用有效的资源，发挥人们的智慧，通过人们的努力，进行有关决策、计划、组织和控制等活动，实现生产过程中人与机器设备、物料、环境的和谐，达到安全生产的目标。安全生产管理的目标是，减少和控制危害，减少和控制事故，尽量避免在生产过程中由于事故所造成的人身伤害、财产损失、环境污染以及其他损失。

[相关链接]

系统工程中的安全概念，认为世界上没有绝对的安全的事或者物，任何事或者物都包含有不安全因素，具有一定的危险性。危险性是安全性的反面体现，当危险性低于某种程度时，人们就认为是安全的。这样来看，安全是指危险未达到人们不可以接受的程度。

2. 什么是生产安全事故?

一般是这样定义事故的：事故是指生产系统或者生产工作中的人遭受阻碍或中止现状，可能导致人员受到伤害或财产受到损失的非预先知晓的意外事件。通常人们认为，事故是指安全生产管理中的伤亡事故和职业危害事故，是从业人员在生产活动中发生的人身伤害和职业中毒事故。事故具有以下基本特征：

（1）普遍性

各类事故的发生具有普遍性，从更广泛的意义上讲，世界上没有绝对的安全。

（2）随机性

事故的发生是随机的，同样的前因事件随时间的推移导致的后果不一定完全相同，但偶然中有必然，必然性存在于偶然性之中。

（3）必然性

偶然性是指事物发展过程中呈现出来的某种摇摆、偏离，是可以出现或不出现、可以这样出现或那样出现的不确定的趋势。必然性是客观事物联系和发展的合乎规律的、确定不移的趋势，是在一定条件下的不可避免性。

（4）因果相关性

事故因果性是说一切事故的发生都是由一定原因引起的，这些原因就是潜在的危险因素，事故本身只是所有潜在危险因素或显性危险因素共同作用的结果。在生产过程中存在着许多危险因素，不但有人的因素（包括人的不安全行为和管理缺陷），而且也有物的因素（包括物的本身存在着不安全因素以及环境存在着不安全条件等）。

（5）潜伏性

事故的潜伏性是说事故在尚未发生或还未造成后果之时，是不会显现出来的，好像一切还处在“正常”和“平静”状态。但生产中的危险因素是客观存在的，只要这些危险因素未被消除，事故总会发生，只是时间的早晚而已。

（6）危害性

事故都具有破坏性，是人们不想看见的结果。但是，人们长期同事故作斗争，同样也促进了生产力的发展。人们应当认识事故，预防和控制事故，研究控制事故的方法和措施。正因为如此，催生了安全生产管理这样一门学问，使人们不是消极地应对事故，而是积极主动地去预测和控制事故，将事故的危害降低到最低水平。

[相关链接]

国家安全生产监督管理总局颁布的《安全生产事故隐患排查治理暂行规定》，将“安全生产事故隐患”定义为：生产经营单位违反安全生产法律、法规、规章、标准、规程和安全生产管理制度的规定，或者因其他因素在生产经营活动中存在可能导致事故发生的物的危险状态、人的不安全行为和管理上的缺陷。

[法律提示]

国务院第493号令《生产安全事故报告和调查处理条例》，将“生产安全事故”定义为：生产经营活动中发生的造成人身伤亡或者直接经济损失的事件。

按照国家标准《企业职工伤亡事故分类》（GB 6441—1986），将企业工伤事故分为20类，分别为物体打击、车辆伤害、机械伤害、起重伤害、触电、淹溺、灼烫、火灾、高处坠落、坍塌、冒顶片帮、透水、放炮、瓦斯爆炸、火药爆炸、锅炉爆炸、其他爆炸、中毒和窒息及其他伤害等。

3. 什么叫危险源？

危险源是指一个系统中具有潜在能量和物质释放危险的、

可造成人员伤害、在一定的触发因素作用下可转化为事故的部位、区域、场所、空间、岗位、设备及其位置。也就是说，危险源是指可能导致死亡、伤害、职业病、财产损失、工作环境破坏或这些情况综合发生的根源或状态。工业生产作业过程的危险源一般分为五类：

（1）毒害性、放射性、腐蚀性及传染病病原体类危险源。

（2）锅炉及压力容器设备、设施类危险源。

（3）电气类设备、设施危险源。

（4）高温作业场所危险源。

（5）辐射类危害危险源。

《危险化学品重大危险源辨识》（GB 18218—2009）中将"重大危险源"定义为：长期地或临时地生产、加工、使用或储存危险化学品，且危险化学品的数量等于或超过临界量的单元。一个（套）生产装置，设施或场所，或同属一个生产经营单位的且边缘距离小于500米的几个（套）生产装置、设施或场所。

[法律提示]

《安全生产法》第一百一十二条规定："重大危险源，是指长期地或者临时地生产、搬运、使用或者储存危险物品，且危险物品的数量等于或者超过临界量的单元(包括场所和设施)。”

《危险化学品重大危险源监督管理暂行规定》于2011年8月5日以国家安全生产监督管理总局40号令公布，自2011年12月1日起施行。

[知识学习]

危险源应由三个要素构成，即具有潜在危险性、具有存在条件和转化成事故的触发因素。

4. 什么是事故隐患？

事故隐患是指作业场所、设备及设施的不安全状态、人的不安全行为和管理上的缺陷，是引发生产安全事故的直接原因。

事故隐患分为一般事故隐患和重大事故隐患。一般事故隐患，是指危害和整改难度较小，发现后能够立即整改、排除的隐患。重大事故隐患，是指危害和整改难度较大，应当全部或者局部停产停业，并经过一定时间整改治理方能排除的隐患，或者因外部因素影响致使生产经营单位自身难以排除的隐患。

根据《安全生产事故隐患排查治理暂行规定》（国家安全生产监督管理总局令第16号）的规定：生产经营单位应当建立、健全事故隐患排查治理制度，生产经营单位主要负责人对本单位事故隐患排查治理工作全面负责。任何单位和个人发现事故隐患，均有权向安全监管监察部门和有关部门报告。

生产经营单位是事故隐患排查、治理和防控的责任主体，应当建立、健全事故隐患排查治理和建档、监控等制度，逐级建立并落实从主要负责人到每个从业人员的隐患排查治理和监控责任制，应当保证事故隐患排查治理所需的资金，并建立资金使用专项制度。

生产经营单位应当定期组织安全生产管理人员、工程技术人员和其他相关人员排查本单位的事故隐患。对排查出的事故隐患，应当按照事故隐患的等级进行登记，建立事故隐患信息档案，并按照职责分工实施监控治理。应当建立事故隐患报告和举报奖励制度，鼓励、发动职工发现和排除事故隐患，鼓励社会公众举报。对发现、排除和举报事故隐患的有功人员，应当给予物质奖励和表彰。

[知识学习]

事故隐患的分类与事故分类有密切关系，按事故发生的起因可将事故隐患归纳为21类，即火灾、爆炸、中毒和窒息、水害、坍塌、滑坡、泄漏、腐蚀、触电、坠落、机械伤害、煤与瓦斯突出、公路设施伤害、公路车辆伤害、铁路设施伤害、铁路车辆伤害、水上运输伤害、港口码头伤害、空中运输伤害、航空港伤害和其他类隐患等。

5. 什么是本质安全？

本质安全是指通过设计等手段，使生产设备或整个生产系统本身具有安全性，即使在误操作或发生故障的情况下也不会造成事故。具体包括两方面的内容：

（1）失误——安全功能

这个功能是指操作者即使操作失误，也不会发生事故或者伤亡，也就是说，设备、设施和技术工艺本身具有自动防止人的不安全行为的功能。

（2）故障——安全功能

这个功能是指设备、设施或者生产工艺发生故障或者损坏时，还能暂时维持正常工作或自动转变为安全状态，保证使用者免受到伤害。

上面说的两种功能应该是设备、设施和技术工艺本身固有的，即在规划设计阶段就要被充分考虑，而不是事后补偿再给予的。

[相关链接]

本质安全是生产中“预防为主”的重要体现，也是安全生产的最高境界。实际上，这应该属于一种理想状态，会因为环境和科技条件等因素的制约，无法实现。也就是说，由于现在技术、资金和人们对事故的认识等原因，很难做到本质安全，只能作为追求的目标。但是，科技进步和人们不断的追求，使得本质安全在一定程度上得到研究并已经结合实际开展。如我国开展的“打造本质安全型矿井”在一些条件较好的矿区试运行，虽然没有解决绝对的安全生产问题，但是也为其提供了一定的经验，并为提升企业安全生产水平作出了一定的贡献。

6. 人本原理的原则是什么?

人本原理，是现代安全管理学四大原理（系统原理、人本原理、预防原理和强制原理）之一，顾名思义就是以人为本的原理。它要求人们在管理活动中坚持一切以人为核心，以人的权利为根本，强调人的主观能动性，力求实现人的全面、自由发展。其实质就是充分肯定人在管理活动中的主体地位和作用，是班组管理的基础。人本原理有以下几个原则：

（1）激励原则

要调动人的积极性，不仅要注意物质利益和工作条件等外部因素，更重要的是要从精神上给予鼓励，使员工从内心情感上真正得到满足。

（2）行为原则

需要与动机是决定人的行为的基础。人类的行为规律是需要决定动机，动机产生行为，行为指向目标，目标完成后需要得到满足，于是又产生新的需要、动机、行为，以实现新的目标。掌握了这一规律，管理者就应该对自己的下属行为进行行之有效的科学管理，最大限度地发掘员工的潜能。

（3）能级原则

所谓能级原则是指根据人的能力大小，赋予相应的权利和责任，使组织的每一个人都各司其职，以此来保持和发挥组织的整体效用。

（4）动力原则

没有动力，事物不会运动，组织不会向前发展。在组织中只有强大的动力，才能使管理系统得以持续、有效地运行。现代管理学理论总结了三个方面的动力来源，即物质动力、精神动力和信息动力。

（5）纪律原则

不依规矩，不能成方圆。作为现代社会的组织，没有纪律是不可能长期存在下去的。因此，组织内部从上到下都应该制定并遵守共同认可的行为规范，违犯了纪律就应该受到相应的惩罚。

[相关链接]

安全生产管理是生产管理的一个子系统，它包含各级安全管理人员、安全防护设备与设施、安全管理规章制度、安全生产操作规范和规程以及安全管理信息等。安全贯穿于生产活动的各个方面，安全生产管理是全方位、全天候和涉及全体人员的管理。

系统管理是运用系统的理论和方法，对管理活动进行充分的系统分析，以达到管理的优化目标，即用系统论的理论和方法来认识和处理管理中出现的问题。

系统原理的原则包括以下几个方面：

（1）动态相关性原则：构成管理系统的各要素是运动和发展的，它们相互联系又相互制约。

（2）整分合原则：在整体规划下明确分工，在分工基础上有效综合。

（3）反馈原则：成功的高效管理，离不开灵活、准确、快速的反馈。

（4）封闭原则：在任何一个管理系统内部，管理手段、管理过程等必须构成一个连续封闭的回路，才能形成有效的管理活动。

7. 事故预防与控制的基本原理是什么？

预防事故发生的相应对策分别是技术对策、教育对策及法制（或管理）对策。因为技术（engineering）、管理（enforcement）和教育（education）三个英文单词的第一个字母均为E，也有人称之为“3E”对策。这是事故预防的三根支柱，发挥这三根支柱的作用，事故预防就可以取得满意的效果。如果只是片面地强调某一根支柱，事故预防的效果就不好。事故预防与控制基本原理具体体现以下方面内容：

（1）事故可以预防

在这种原则基础上，分析事故发生的原因和过程，研究防止事故发生的理论及方法。

（2）防患于未然

事故隐患与后果存在着偶然性关系，积极有效的预防办法可以实现防患于未然。只有排除了事故隐患，才能避免事故造成的损失。

（3）根除可能的事故原因

任何事故的出现，总是有原因的，事故与原因之间存在着必然性的因果关系。为了使预防事故的措施有效，首先应当对事故进行全面的调查和分析，准确地找出直接原因、间接原因以及基础原因。所以，有效的事故预防措施，来源于深入的原因分析。

（4）全面治理的原则

在引起事故的各种原因之中，技术原因、教育原因以及管

理原因是三种最重要的原因，必须全面考虑、缺一不可。

[相关链接]

安全生产管理的强制原理是指采取强制管理的手段控制人的意愿和行为，使个人的活动、行为等受到安全生产要求的约束。运用强制原理的原则有以下两个方面：

（1）安全第一原则

在进行生产和其他活动时把安全工作放在一切工作的首要位置。当生产或其他工作与安全发生矛盾时，要服从安全。

（2）监督原则

为了使安全生产法律、法规得到落实，设立安全生产监督管理部门，对企业生产中的守法和执法情况进行监督。

8. 什么是班组?

班组是根据企业内部劳动分工与协作的需要，按照工艺要求或不同产品（劳务）而划分的基本作业单位。它是企业内部从事生产经营活动和管理工作最基层的组织。班组是企业的基本作业单位，是企业内部最基层的劳动和管理组织。在一般企业里，班组长不算“干部”，但实际上，班组长基本具备了“干部”的管理职能。

因此，班组长也被称为“兵头将尾”。

班组在车间（工段）领导下，肩负企业生产的某一部分任务。班组按其生产、工作性质和业务范围一般分为以下几种：

（1）基本生产班组

它是工作班、生产小组的统称，拥有相应的劳动手段和劳动对象，承担一定的生产任务，通常是按生产工艺专业化和产品专业化分别建立的。

（2）辅助班组

它是企业内部直接为基本生产服务的班组。这些班组多数设在企业的辅助车间，有的基本生产车间根据实际需要，也设必要的辅助班组。

（3）职能班组

它是由企业内部职能部门或车间管理岗位上的各类管理人员所组成的若干班组，是企业众多班组的重要组成部分，其工作绩效如何，直接关系到企业管理效能的发挥。

（4）服务班组

它是在服务行业和工业企业后勤部门中所设立的班组。它由不同服务部门的服务人员所组成，利用一定的场所、设备和工具，主要以劳务、技术活动的形式为社会提供某种特殊的使用价值，直接为群众生活服务，间接为企业生产和国民经济服务。

[相关链接]

班组安全生产管理具有极其重要的意义，主要表现在以下几个方面：

（1）安全是企业发展的重要保障，安全管理是企业管理的重要组成部分，而班组是企业最基层的生产单位。企业安全管

理必须服务于基层班组，工作重心下移到班组，通过班组安全各项工作的落实，使生产建立在坚实的基础上，才能充分发挥生产效力，实现企业经营管理目标。

（2）危险、危害因素主要产生于生产过程，而在企业，班组是生产的主体。据大量事故案例分析，90%以上的事故发生在班组，同时“三违”（即违章指挥、违章作业、违反劳动纪律）和各种设备、环境等隐患没有及时发现和消除所造成的伤亡事故占事故总数的90%以上。因此，企业要做到安全生产就必须重视班组安全，一切工作都必须从班组抓起，扎扎实实地搞好班组安全建设，以班组安全来保证企业的整体安全。

（3）从安全生产的角度来讲，一个好的班组应该既能完成生产任务，又能确保生产安全。因为只完成生产任务，不能确保生产安全的班组，事故的发生最终将造成损失，影响士气，从而导致生产的后退。许多企业的实践经验证明了这点。

（4）从安全生产的特点来看，很多企业生产工艺复杂，生产工艺过程既有机械伤害、起重伤害、物体打击、坠落、挤压、易燃易爆等危害，又有高温、高压、高粉尘，有毒有害物质的危害，特别是生产中的高温液体运输、炉体爆炸、煤气中毒窒息等危害性大。另外，由于经济发展水平、科技水平的局限性，本质安全程度还不是很高，部分生产工序过程中具有高危险性。这些危险有害因素直接对一线班组职工安全健康造成威胁，需要通过加强安全管理，提高生产人员的意识、责任和安全技能来预防伤亡事故的发生。

（5）部分领导没有正确认识安全与生产的关系，没有树立“安全第一，预防为主，综合治理”的思想，常常是会上讲安全，当安全与生产发生矛盾时，往往把安全放在一边，对各种不安全行为视而不见，使得安全工作常常浮在面上，难以向基层延伸，向纵深发展。许多安全法规、标准、制度、教育、措施和监督没有落实到班组。

9. 班组安全生产管理主要有哪些内容?

班组安全管理，作为整个安全管理的一个重要组成部分，它所包含的内容也是十分丰富的，其基本内容如下：

（1）安全生产制度

班组主要的安全制度应有：安全生产岗位责任制度、安全检查制度、安全奖惩制度、安全例会制度、事故预测预防制度等。随着生产的发展和客观条件的变化，对于已经不能正确反映客观规律要求的，要及时修订完善。制度的建立要力求完整统一，简明扼要，通俗易懂，便于职工牢记、掌握与遵守。

安全生产责任制，是根据“管生产必须管安全”“安全生产，人人有责”的原则，以制度的形式明确规定企业各级领导和各类人员在生产活动中应负的安全责任，它是企业岗位责任制的一个重要组成部分，是企业所有安全生产制度的核心。有了这项制度，就能把安全与生产从组织领导上统一起来，安全工作才能做到事事有人管，层层有专责。

（2）班组安全教育

安全教育既能增强职工的安全意识，又能提高职工的安全技能，这是有效防范工伤事故发生的必要前提条件。班组安全教育要力求生动活泼、多种多样、贴近实际，这样才能收到良好的教育效果。

班组安全教育的形式主要有：对新工人进行班组级安全教育；针对班组成员的思想动态，结合典型事例、工伤案例、岗位安全操作规程，开展经常性的安全教育；针对班组采用新

工艺、新技术、新材料、新设备的情况，开展新操作方法的安全教育；针对岗位的工艺要求，进行各种岗位安全操作技能训练。

（3）班组安全生产检查

通过安全检查，发现的问题无非是两个方面的，一是人的因素，二是物的因素。对于人的因素视不同情况采取不同的措施，如有人违章操作或出现不安全行为，发现后要立即阻止和纠正；发现新手操作生疏，有碍于安全时，要及时调配力量并加强其培训。对于物的因素，如设备、作业环境等，一定要做到“三定”“两不推”。“三定”，即对不安全因素的整改要做到定人员、定措施、定时间；“两不推”，即个人能整改的不推向班组，班组能整改的不推给车间。特别强调的是，整改要及时，措施要有力，要落实到人员，而且要做好整改记录。对于班组不能解决的重大隐患，必须及时报上级部门，在处理之前，要相应做好有效的预防性措施。

（4）事故的报告、分析和处理

若班组发生了工伤事故，在紧急抢救伤员的同时，立即向上级领导汇报，并应采取应急措施，保护现场，积极组织或参与对事故的分析，查明事故原因和责任，采取措施，防止类似或相关事故的重复发生。

对事故的处理要做到“四不放过”，即：事故原因不清不放过，事故责任者和群众没有受到教育不放过，没有采取防止同类事故的措施不放过，事故责任者没有受到处罚不放过。对班组发生的事故“苗子”和险肇事故应同样按“四不放过”的要求进行处理。

（5）安全值日

对点多、面广、作业分散的班组，单靠班组长抓安全是不够的，应实行安全值日，由班组长指定专人安全值日，要求他们做到：搞好安全点检确认，有隐患及时整改，发现不安全行为及时制止，搞好现场互保监护，搞好文明生产。

（6）班组安全活动

安全管理工作的重心在生产班组，开展班组安全活动则是安全管理的重要内容之一，是保证安全生产的一项重要措施；开展班组安全活动是企业安全文化的一项具体表现形式，是提高员工的安全文化素质的手段之一，通过开展形式多样的安全活动努力提高员工的安全素质让“我要安全”渗透到员工日常工作习惯之中，真正做到“三不伤害”，逐渐形成注意安全、尊重生命的文化氛围。

[相关链接]

大量的生产事故表明，90%以上的事故发生在班组，80%以上的事故直接原因都是在班组生产过程中违章作业或各种隐患未及时发现并消除造成的，有60%以上是由于思想麻痹，纪律松弛，管理混乱，违章指挥、作业造成的。

10. 如何做好班组事故隐患排查与整改?

事故隐患如不处理，就可能导致事故的发生，因此，隐患一经发现必须及时整改。

隐患检查与整改工作是防止事故的主要措施，必须坚持“谁主管，谁负责”的原则。班组每日至少对本单位、本岗位各种设备、设施、建构筑物、危险源点及其作业环境等进行一次全面的检查。并建立隐患检查登记台账，对检查出的以及上报隐患及时登记，登记内容包括检查人员、检查时间、隐患部位及危险状态，整改责任人和整改期限等。凡检

查出的隐患经确认本单位无力整改的，应立即向上一级主管部门汇报，并在登记台账上注明上报单位、时间等。隐患的检查与整改工作要坚持“四定三不交”原则，即：定项目、定措施、定责任人、定完成时间；班组能整改的不交车间，车间能整改的不交厂矿，厂矿能整改的不交公司。正确、及时、有效地处理安全检查中发现的事故隐患和不安全因素，应遵循下列原则：

（1）边查边改的原则

在生产作业现场发现的事故隐患和不安全因素，当场可以解决的，应立即进行整改。如发现有员工操作钻床戴手套，应立即纠正并给予批评教育。这种边查边改的方法一方面可以及时消除事故隐患和违章行为，另一方面，也减轻安全检查人员后期的工作量。同时，现场解决问题，对于在场员工是很好的安全教育，其效果比课堂安全教育更好。

（2）限期整改的原则

对于不能现场解决的问题，必须限期解决。限期整改不能只是口头的，要按一定的方式和程序进行。

（3）采取防护措施的原则

对于一些事故隐患或不安全因素，在整改之前，必须要采取一定的防护措施，以确保不发生事故。对因隐患整改不及时而导致伤亡事故的，应视情节轻重对责任单位和责任人严肃处理。隐患整改应做好生产现场的安全检查，提出事故预防措施，并做好事故预防工作。

[相关链接]

带班长是每班安全生产的重要责任人，在每班的生产中，带班长要时刻提高警惕，密切注意安全生产动向，经常检查是否有违章作业现象、是否有机械异常现象、是否有违反安全生产操作规程的职工、是否有不按规定穿戴劳动防护用品的情况等，一旦发现，要立即纠正。

严抓班组生产现场安全管理

11. 什么是现场管理?

现场管理就是指用科学的管理制度、标准和方法对生产现场各生产要素，包括人（工人和管理人员）、机（设备、工具、工位器具）、料（原材料）、法（加工、检测方法）、环（环境）、信（信息）等进行合理、有效的计划、组织、协调、控制和检测，使其处于良好的结合状态，达到优质、高效、低耗、均衡、安全、文明生产的目的。现场管理是生产第一线的综合管理，是生产管理的重要内容，也是生产系统合理布置的补充和深入。

[相关链接]

现场这个说法，有广义和狭义两种。广义上，凡是企业用来从事生产经营的场所，都称之为现场，如厂区、车间、仓库、运输线路、办公室以及营销场所等。狭义上，现场是企业内部直接从事基本或辅助生产过程组织的结果，是生产系统布置的具体体现，是企业实现生产经营目标的基本要素之一。狭义上的现场也就是一般大家默认的直接生产的场所。

12. 生产现场管理的主要内容有哪些?

班组的现场管理水平是企业的形象、管理水平和精神面貌的综合反映，是衡量企业素质及管理水平高低的重要标志。

（1）现场实行“定置管理”，使人流、物流、信息流畅通有序，现场环境整洁，文明生产。

（2）加强工艺管理，优化工艺路线和工艺布局，提高工艺，严抓班组生产现场安全管理水平，严格按工艺要求组织生产，使生产处于受控状态，保证产品质量。

（3）以生产现场组织体系的合理化、高效化为目的，不断优化生产劳动组织，提高劳动效率。

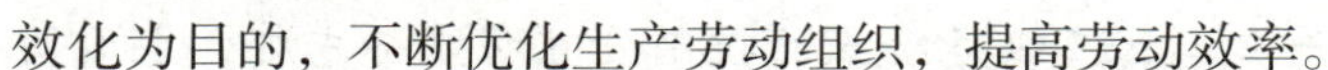

（4）健全各项规章制度、技术标准、管理标准、工作标准、劳动及消耗定额、统计台账等。

（5）建立和完善管理保障体系，有效控制投入与产出，提高现场管理的运行效能。

（6）搞好班组建设和民主管理，充分调动职工的积极性和创造性。

[相关链接]

班组生产作业现场定置管理是全面质量管理的一种方法，它强调生产现场中人、物的有机结合，各种原料、材料、工具、器具实行分类管理、定置摆放，做到人定岗、物定位，以利于提高工效，提高产品质量。把定置管理移植到车间、班组安全生产管理上，能进一步深化安全生产工作。“五定”是定置管理的核心与重点，“五定”不能明确确定，那么，定置管

理就无法实施。“五定”是指：

（1）物品定置

即根据定量管理的要求，按照“要用的东西随手可得，不用的东西随手可丢”的原则，把不同类型和不同用途的物品放在指定的位置或区域，使操作人员能够做到忙而不乱、紧张有序。

（2）人员定岗

即人与操作岗位的有机结合。岗位既定，操作人员就不得随意串岗或脱岗。对于某些危险品生产区，要有严格的定员、定量规定，保证危险工序必需的操作人员，发生燃烧爆炸事故时尽可能把伤亡和损失减到最小，降到最低。

（3）控制点定标志

即对一、二、三级危险点的控制设置明显标志牌，上面写有简明的安全要求、危险等级和安全负责人，以利于随时提醒操作人员安全作业，形成条件反射，避免操作失误，同时也有利于安全管理部门对重点危险部位进行监督和控制。

（4）危险品定储量

即对易燃易爆或有毒物品规定其存放数量，并写在醒目的标志牌上，经常警告人们注意安全，也便于安全管理部门监督检查。

（5）A、B、C、D定状态

即按照定置管理要求和人与物的联系紧密程度，把作业现场经过定置后的物品划分成A、B、C、D四种状态，以便于区分和寻找。A、B、C、D四个字母是状态信息标志，使操作人员、检验人员、管理人员在工作中能够做到保持优良的A状态（在加工）、迅速寻到B状态（待加工）、及时处理C状态（已加工）、不断清理D状态（报废或返修），从而进一步提高工作效率，保持作业场所的整洁、文明。

13. 如何实施生产现场管理？

生产现场管理是一个复杂的系统工程。开展现场管理工作，常见做法可分为三个阶段：

（1）治理整顿

着重解决生产现场脏、乱、差，逐步建立起良好的生产环境和生产秩序。

（2）专业到位

做到管理重心下移，促进各专业管理的现场到位。

（3）优化提高

优化现场管理的实质是改善，改善的内容就是缩短现状与目标的差距。按 PDCA（策划 plan，实施 do，检查 check，改进 action）循环，使其合理、有效地运行。

[相关链接]

生产现场管理的三大工具：

（1）标准化

企业有各种各样的规范，如规程、规定、规则、标准、要领等，这些规范形成文字化的东西统称为标准（或称标准书）。制定标准，而后依标准付诸行动则称之为标准化。

（2）目视管理

目视管理是利用形象直观而又色彩适宜的各种视觉感知信息来组织现场生产活动，达到提高劳动生产率的一种管理手段，也是一种利用视觉来进行管理的科学方法，如使用安全标志和标识进行安全生产管理等。

（3）看板管理

看板管理是发现问题、解决问题的非常有效且直观的手段，尤其是优秀的生产现场管理必不可少的工具之一 。

14. 安全检查的基本内容有哪些?

安全检查是指对生产过程及安全管理中可能存在的隐患、有害与危险因素、缺陷等进行查证，以确定隐患或有害与危险因素、缺陷的存在状态，以及它们转化为事故的条件，以便制定整改措施，消除隐患和有害与危险因素，确保生产安全。安全检查是班组安全管理工作的重要内容，是消除隐患、防止事故发生、改善劳动条件的重要手段。通过安全检查可以发现生产班组作业现场在生产过程中的危险因素，以便有计划地制定纠正措施，保证生产安全。安全检查的内容包括：

（1）软件系统检查

1）查思想。检查各级管理人员对安全生产的认识，对安全生产方针、政策、法令、规程的理解和贯彻的情况。

2）查管理。检查安全管理工作的实施情况。如安全生产责任制、各项规章制度和档案是否健全，安全教育、安全技术措施、伤亡事故管理的实施情况。

3）查隐患。检查劳动条件、生产设备、安全卫生设施是否符合要求以及职工在生产中是否存在不安全行为和事故隐患。

4）查事故处理。对发生的事故车间是否及时报告、认真调查、严肃处理；是不是按“四不放过”（事故原因没有查清楚不放过；事故责任者没有处理不放过；广大职工没有受到教育不放过；防范措施没有落实不放过）的要求处理事故；有没有采取有效措施，防止类似事故重复发生。

（2）硬件系统检查

1）查生产设备、查辅助设施、查安全设施、查作业环境。

2）对于危险性大、事故危害大的生产系统、部位、装置、设备一般应重点检查的内容有：易燃易爆危险物品、剧毒品、承压设备、起重设备、运输设备、冶炼设备、电气设备、冲压机械，本企业易发生工伤、火灾、爆炸等事故的设备、工种、场所及其作业人员，造成职业中毒或职业病的尘毒产生点及其作业人员，直接管理重要危险点和有害点的部门及其负责人。

3）对非矿山企业要求强制性检查的项目有：特种设备、升降机、防爆电气、厂内机动车辆、客运索道、游艺机及游乐设施等，作业场所的粉尘、噪声、振动、辐射、高温、低温、有毒物质的浓度等。

4）对矿山企业要求强制性检查的项目有：矿井风量、风质、风速及井下温度、湿度、噪声；瓦斯、粉尘，提升、运输、装载、通风、排水、瓦斯抽放、压缩空气和起重设备，各种防爆电气、电气安全保护装置，矿灯、钢丝绳，瓦斯、粉尘及其他有毒有害物质检测仪器、仪表，自救器、救护设备，安全帽、防尘口罩或面罩、防护服、防护鞋、防噪声耳塞、耳罩。

[相关链接]

安全检查主要有以下几种类型：

（1）定期安全检查

定期检查一般是通过有计划、有组织、有目的的形式来实现的，如次/年、次/季、次/月、次/周等，检查周期根据各单位实际情况确定。定期检查的面广，有深度，能及时发现并解决问题。

（2）经常性安全检查

经常性检查则是采取个别的、日常的巡视方式来实现的。在施工（生产）过程中进行经常性的预防检查，能及时发现隐患并及时消除，保证施工（生产）正常进行。

（3）季节性及节假日前安全检查

由各级生产单位根据季节变化，按事故发生的规律对易发的潜在危险，突出重点进行季节检查。如冬季防冻保温、防火、防煤气中毒；夏季防暑降温、防汛、防雷电等检查。

由于节假日（特别是重大节日，如元旦、春节、劳动节、国庆节）前后容易发生事故，因而应进行有针对性的安全检查。

（4）专业（项）安全检查

专业安全检查是对某个专项问题或在施工（生产）中存在的普遍性安全问题进行的单项定性检查。

对危险较大的在用设备、设施，作业场所环境条件的管理性或监督性定量检测、检验属专业性安全检查。专业检查具有较强的针对性和专业要求，用于检查难度较大的项目。通过检查，发现潜在问题，研究整改对策，及时消除隐患，进行技术改造。

（5）综合性安全检查

综合性安全检查一般是由主管部门对下属各企业或生产单位进行的全面、综合的安全检查，必要时可组织进行系统的安全性评价。

（6）不定期的职工代表巡视安全检查

此类型安全检查是由企业或车间工会负责人负责组织有关专业技术特长的职工代表进行巡视安全检查，重点查：国家安全生产方针、法规的贯彻执行情况；查单位领导干部安全生产责任制的执行情况；工人安全生产权利的执行情况；查事故原因、隐患整改情况；并对责任者提出处理意见。此类检查可进一步强化各级部门安全生产责任制的落实，促进职工劳动保护合法权利的维护。

15. 有哪些常用的安全生产检查方法?

（1）常规检查法

由安全生产管理人员作为检查工作的主体，到作业场所的现场，通过感官或简单的工具、仪表等，对作业人员的行为、作业场所的环境条件、生产设备与设施等进行的定性检查。这种方法完全依靠安全检查人员的经验和能力，检查的结果直接受安全检查人员个人素质的影响。因此，对安全检查人员要求较高。

（2）安全检查表法

为使检查工作更加规范，使个人的行为对检查结果的影响减少到最小，常采用安全检查表法。安全检查表是为了系统地找出系统中的不安全因素，事先把系统加以剖析，列出各

层次的不安全因素，确定检查项目。并把检查项目按系统的组成顺序编制成表，以便进行检查或评审，这种表就叫做安全检查表。安全检查表是进行安全检查，发现和查明各种危险和隐患、监督各项安全规章制度的实施，及时发现事故隐患并制止违章行为的一个有力工具。安全检查表应列举需查明的所有可能会导致事故的不安全因素，每个检查表均需注明检查时间、检查者、直接负责人等，以便分清责任。安全检查表的设计应做到系统、全面，检查项目应明确。

（3）仪器检查法

机器、设备内部的缺陷及作业环境条件的真实信息或定量数据，只能通过仪器检查法来进行定量化的检验与测量，才能发现不安全隐患，从而为后续整改提供信息。因此，必要时需要实施仪器检查，由于被检查对象不同，检查所用的仪器和手段也不同。

[相关链接]

安全检查工作一般包括以下几个步骤：

（1）安全检查准备

准备内容包括：

1）确定检查对象、目的、任务。

2）查阅、掌握有关法规、标准、规程的要求。

3）了解检查对象的工艺流程、生产情况、可能出危险危害的情况。

4）制订检查计划，安排检查内容、方法、步骤。

5）编写安全检查表或检查提纲。

6）准备必要的检测工具、仪器、书写表格或记录本。

7）挑选和训练检查人员，并进行必要的分工等。

（2）实施安全检查

实施安全检查就是通过访谈、查阅文件和记录、现场检查、仪器测量的方式获取信息。

1）访谈。与有关人员谈话来了解相关部门、岗位执行规章制度的情况。

2）查阅文件和记录。检查设计文件、作业规程、安全措施、责任制度、操作规程等是否齐全，是否有效；查阅相应记录，判断上述文件是否被执行。

3）现场观察。到作业现场寻找不安全因素、事故隐患、事故征兆等。

4）仪器测量。利用一定的检测、检验仪器设备，对在用的设施、设备、器材状况及作业环境条件等进行测量，以发现隐患。

（3）通过分析作出判断

掌握情况(获得信息)之后，就要进行分析、判断和检验。可凭经验、技能进行分析、判断，必要时可以通过仪器、检验得出正确结论。

（4）及时作出决定进行处理

作出判断后应针对存在的问题作出采取措施的决定，即通过下达隐患整改意见和要求，包括要求进行信息的反馈。

（5）实现安全检查工作闭环

通过复查整改落实情况，获得整改效果的信息，以实现安全检查工作的闭环。

16. 班组日常安全生产检查内容有哪些？

日常安全生产检查是按检查制度的规定，每天都进行的、贯穿于生产过程中的检查。

日常安全生产检查主要由车间安全员和安全生产技术人员的巡回检查，班组长、工会小组劳动保护检查员、班组安全员及操作者的现场检查，主要工作内容是发现生产过程中一切物的不安全状态和人的不安全行为，并加以控制。

很多班组实行“一班三检”制，即班前、班中、班后进行安全生产检查。“班前查安全，思想添根弦；班中查安全，操作保平安；班后查安全，警钟鸣不断。”这句话充分说明了“一班三检”制的意义和重要性。“一班三检”检查的侧重点不同：班前检查的重点是对操作设备、工器具、防护装置、作业环境及个人防护用品穿戴的检查；班中检查的重点是对设备运行状况、作业环境危险因素的检查，并纠正违章行为；班后检查的重点是对工作现场的检查，不能给下一班留下隐患。

[相关链接]

安全生产检查的目的在于及时发现问题、解决问题，应该在检查过程中或检查以后，发动群众及时整改。整改应实行“三定”（定措施、定时间、定负责人），“四不推”（班组能解决的，不推到工段；工段能解决的，不推到车间；车间能解决的，不推到厂；厂能解决的，不推到上级）。对于一些长期危害职工安全健康的重大隐患，整改措施应件件有交代，条条有着落。

17. 班组该如何进行事故处理？

班组对事故应该严肃处理，实行责任追究。认真落实安全生产责任，是班组安全生产管理的重中之重。在一个企业，安全生产责任制是严肃事故处理的重要依据。因此，推行“一岗一责，人人有责”的责任制是责任追究的必然要求。要对发生事故的班组和个人坚持“四不放过”的原则，做到“事故原因一清二楚，事故处理不讲感情，事故教训铭心刻骨，事故整改举一反三”。

[相关链接]

班组发生伤亡事故时，必须按《生产安全事故报告和调查处理条例》执行，并做到：

（1）负伤人员或最先发现人员要立即报告班组长，并向车间领导报告。轻伤事故，由车间领导和工会组织处理；重伤、死亡或重大事故，要由企业领导和上级主管部门组织调查处理。

（2）发生重伤、死亡和重大事故，班组必须负责保护现

场。未经有关调查部门同意，不得乱动或破坏现场。

（3）发生重大事故，班组人员要在领导统一指挥下，积极参加事故抢救，并积极维护生产秩序。

（4）事故发生后，班组要本着“四不放过”的原则，认真查清事故的原因、责任，吸取教训，定出改进措施，避免再次发生事故。

（5）不论发生哪类事故，班组都要进行登记，并及时填写事故报告表，不准假报或不报。按法规规定，对伤亡事故有意隐瞒或拖延不报者，应追究责任。

18. 什么是安全生产技术措施计划?

生产经营单位为了保证安全生产资金的有效投入，应编制安全生产技术措施计划，其核心是安全生产技术措施。

安全生产技术措施按照行业可分为：煤矿安全生产技术措施、非煤矿山安全生产技术措施、石油化工安全生产技术措施、冶金安全生产技术措施、建筑安全生产技术措施、水利水电安全生产技术措施、旅游安全技术措施等。

按照导致事故的原因可分为：防止事故发生的安全生产技术措施、减少事故损失的安全生产技术措施等。

（1）防止事故发生的安全生产技术措施

常用的防止事故发生的安全生产技术措施有：消除危险源，限制能量或危险物质，隔离，故障—安全生产设计，减少故障和失误。

（2）减少事故损失的安全生产技术措施。

常用的减少事故损失的安全生产技术措施有：隔离，查找薄弱环节，个体防护，避难与救援。

[相关链接]

编制安全生产技术措施计划的基本原则是：必要性和可行性原则；自力更生与勤俭节约的原则；轻重缓急与统筹安排的原则；领导和群众相结合的原则。

19. 如何编制安全生产技术措施计划?

（1）确定措施计划编制时间

年度安全生产技术措施计划一般应与同年度的生产、技术、财务、供销等计划同时编制。

（2）布置措施计划编制工作

企业领导应根据本单位具体情况向下属单位或职能部门提出编制措施计划具体要求，并就有关工作进行布置。

（3）确定措施计划项目和内容

下属单位在认真调查和分析本单位存在的问题，并征求群众意见的基础上，确定本单位的安全生产技术措施计划项目和主体内容，报上级安全生产管理部门。安全生产管理部门联合技术、计划部门对上报的措施计划进行审查、平衡、汇总后，确定措施计划项目，并报有关领导审批。

（4）编制措施计划

安全生产技术措施计划项目经审批后，由安全生产管理部门和下属单位组织相关人员，编制具体的措施计划和方案，经讨论后，送上级安全生产管理部门和有关部门审查。

（5）审批措施计划

上级安全生产、技术、计划部门对上报的安全生产技术措施计划进行联合会审后，报单位有关领导审批。安全生产技术措施计划一般由总工程师审批。

（6）下达措施计划

单位主要负责人根据总工程师的审批意见，召集有关部门和下属单位负责人审查、核定措施计划。审查、核定通过后，与生产计划同时下达到有关部门贯彻执行。

[相关链接]

每一项安全生产技术措施至少应包括以下内容：措施应用的单位或工作场所；措施名称；措施目的和内容；经费预算及来源；负责施工的单位或负责人；开工日期和竣工日期；措施预期效果及检查验收。

20. 如何进行危险源控制?

危险源的控制可从三方面进行，即技术控制、人行为控制和管理控制。

（1）技术控制

技术控制是指采用技术措施对固有危险源进行控制，主要技术有消除、控制、防护、隔离、监控、保留和转移等。

（2）人行为控制

人行为控制即控制人为失误，减少人不正确行为对危险源的触发作用。人为失误的主要表现形式有：操作失误，指挥错误，不正确的判断或缺乏判断，粗心大意，厌烦，懒散，疲劳，紧张，疾病或生理缺陷，错误使用防护用品和防护装置等。人行为的控制首先是加强教育培训，做到人的安全化；其次应做到操作安全化。

（3）管理控制

针对危险源确定控制的关键点，采取专门有针对性的管理。另外，更为主要的是要对危险源制定一系列的管理制度。可采取以下管理措施，对危险源实行控制：

1）建立、健全危险源管理的规章制度，例如岗位安全生产责任制、危险源重点控制实施细则、安全操作规程、操作人员培训考核制度、日常管理制度、交接班制度、检查制度、信息反馈制度，危险作业审批制度、异常情况应急措施、考核奖惩制度等。

2）明确责任、定期检查。应根据各危险源的等级分别确定各级的负责人，并明确他们应负的具体责任，特别是要明确各级危险源的定期检查责任。专职安技人员要对各级人员实行检查的情况定期检查、监督并严格进行考评，以实现管理的封闭。

3）加强危险源的日常管理。要严格要求作业人员贯彻执行有关危险源日常管理的规章制度。搞好安全值班、交接班，按安全操作规程进行操作；按安全检查表进行日常安全检查；危险作业经过审批等。

4）抓好信息反馈、及时整改隐患。要建立、健全危险源信息反馈系统，制定信息反馈制度并严格贯彻实施，对检查发现的事故隐患，应根据其性质和严重程度，按照规定分级实行信息反馈和整改，做好记录，发现重大隐患应立即向安技部门和行政第一领导报告。

5）搞好危险源控制管理的基础建设工作。危险源控制管理的基础工作除了建立、健全各项规章制度外，还应建立、健全危险源的安全档案和设置安全标志牌。

6）搞好危险源控制管理的考核评价和奖惩。应对危险源控制管理的各方面工作制定考核标准，并力求量化，划分等级。定期严格考核评价，给予奖惩并与班组升级和评先进结合起来。

[相关链接]

危险源控制点的确定一般考虑以下几种情况：

（1）容易发生重大人身、设备、火灾、爆炸、急性中毒等事故。

（2）设备安全度低、作业环境不良、事故发生率高。

（3）具有一定的事故频率和严重度，作业密度高。

（4）潜在危险性大。

21. 班组如何进行危险源管理?

（1）对危险源点进行危险因素分析。对危险源系统中存在的物的不安全因素进行分析，预测可能产生的危害，制定危险源点的安全控制措施。

（2）根据危险源点可能造成的伤害程度，将危险源控制点进行分类。

（3）危险源控制点确定后，应填写《危险控制点登记卡》及档案，在危险源控制区域醒目处设立危险源控制点警示牌。

（4）在制定危险对策措施的基础上，各危险源点应制定危险源控制点检查表，并尽量与设备点检内容协调，安全生产检查也要与设备点检一致。

（5）班组长应熟悉各危险控制点的控制内容，负责实施本工段、班组危险控制点的控制管理，本人或指定专人定时检查控制情况，认真填写检查表。

[知识学习]

可将危险源控制点分为四个级别：

A级：可能造成多人伤亡或引起火灾、爆炸、设备及厂房设施毁灭性破坏。

B级：可能造成死亡，或永久性全部丧失劳动能力（终身致残性重伤），或可能造成生产中断（一个班以上）。

C级：可能造成人员永久性局部丧失劳动能力（伤愈后能工作但不能从事原岗位工作的重伤），或危及生产暂时性中断（一个班以内）。

D级：可能造成人员轻伤或伤愈后能恢复原岗位工作的一般性重伤，并不会造成生产中断。

公司负责对 A级危险源进行管理，厂（矿）负责对A、B级危险源进行管理，车间负责对本车间的A、B、C级危险源进行管理，班组负责对本班组的 A、B、C、D级危险源点进行管理。

[法律提示]

《安全生产法》第三十七条规定："生产经营单位对重大危险源应当登记建档，进行定期检测、评估、监控，并制定应急预案，告知从业人员和相关人员在紧急情况下应当采取的应急措施。

生产经营单位应当按照国家有关规定将本单位重大危险源及有关安全措施、应急措施报有关地方人民政府安全生产监督管理部门和有关部门备案。"

22. 班组如何进行交接班?

（1）交班人员应提前半小时做好交班准备，接班人员应提前15分钟到达交接班现场做好接班准备。接班人员未能按时到达，交班人员不能离开岗位。

（2）当班的组长要正确、清楚、可靠地记录各种生产记录，并及时当面反馈给下一班的组长。接班的组长不仅要看上一班的记录、听交班者的介绍，还要到异常的设备或作业点进行查看，为计划、布置当天的安全生产作依据。

（3）交班人员在交班前，应将生产现场或者机械设备检查清理好，对机械设备要按规定认真进行维护保养，发现故障及时排除或上报，填写好交接班记录，清点好材料、工具和备件，做好生产现场卫生。

[相关链接]

交接班经双方认可并在交接班日志上签字后，交班人员方可离开岗位。交班后，生产、设备所出的问题由接班人负责。

23. 班组安全生产交接的内容是什么?

一般班组交班的内容应包括：

（1）将本岗位生产及安全情况交代清楚。

（2）将存在的问题交代清楚。

（3）将其他应说明的事项交代清楚。

（4）填写交接班记录。

[相关链接]

交接班实行“五不交”：

（1）生产、设备运行情况交代不清不交。

（2）工具没清理干净、摆放不整齐、数量不清不交。

（3）机械设备润滑不良不交。

（4）当班能排除的事故隐患或设备故障未排除不交。

（5）记录不完整、填写不清楚不交。

24. 什么是班前会?

班前会是班组长根据当天的工作任务，联系本班组的人员（人数、各人的安全生产操作水平、安全生产思想稳定性）、物资（原材料、作业机具、安全生产用具）和现场条件、工作环境等，在工作前召开的班组会。

[相关链接]

为组织开好班前会，班组长每天要提前到岗，查看上一班的工作记录，听取上一班班组长的交接班情况，了解设备运行情况、有无异常现象和缺陷存在、是否进行过检修等，然后进行现场巡回检查，班组长要对当天的生产任务、相应的安全生产措施、需使用的安全生产工器具等做到心中有数，对承担工作任务的班组成员的技术能力、责任心要有足够的了解。

[知识学习]

班前会是一种分析预测活动。要使之符合实际，具有针对性和预见性，就要求班组长在会前下功夫准备，有关安全生产事项要在实际作业中验证总结。

25. 班前会如何进行?

召开班前会的具体做法是：在每天上班布置生产任务时，班组长用几分钟时间简明扼要地对班组所有成员讲明上一班的生产、设备情况及有关安全生产的最新要求，再对本班组进行生产布置交底，告知存在的危险和有关对策措施。其特点是时间短、内容集中、针对性强。

[相关链接]

在班前会上要突出“三交”（即交任务、交安全、交措施）和“三查”（即查工作着装、查身体和精神状态、查个人安全用具），并根据当天生产任务的特点、设备运行状况、作业环境等，有针对性地提出安全生产注意事项。对因故没有参加班前会的个别班组成员，班组长事后应对此人补课交底，防止发生意外。对重大工程以及抢修、抢险、故障处理等，在进行作业前均必须交底。

26. 班前会要落实的内容有哪些?

班前会一般由班组长主持，班组长不在也可由安全员、工会组长主持。班前会要落实的内容有：

（1）上一班是否有设施安全隐患，设备故障，或其他事情交代。

（2）查看、询问本班职工身体、精神状态是否良好。

（3）本班要完成哪些工作，要落实的危险源辨识的措施有哪些。

（4）周围是否有影响本班工作的掘进、施工、检修等工作。

（5）当天涉及本班有哪些检修作业。

（6）检修工具、备件是否准备好。

（7）联保互保队子是否建立。

（8）上级其他的安全要求。

[相关链接]

当班工程施工前，应就有关作业内容、安全生产措施、安全生产规定、注意事项以及许可审批手续一一把关，做到安全生产交底，使作业人员人人心中有数，以便互相督促检查，遇到异常情况可互相救助。

27. 什么是班后会?

班后会是一天工作结束，是在下班前由班组长主持召开的一次班组会。班后会以讲评的方式，在总结、检查生产任务的同时，总结、检查安全生产工作，并提出整改意见。班前会是班后会的前提和基础，班后会是班前会的继续和发展。

[相关链接]

通过班后会，总结本次工作的经验教训，举一反三，不断规范工作行为；对遵章守纪的模范行为进行表扬，鼓励士气；对违章、违纪的违规行为进行批评教育和考核，让每个员工检点自身不足，注意改进操作方法；分析工作中存在的问题，制定防范措施，避免类似错误再次发生。班后会是提高班组安全生产水平的有效手段。

28. 班后会要落实的内容有哪些?

班后会上班组长要简明扼要地小结完成当天任务和执行安全生产规程的情况，既要肯定好的方面，又要找出存在的问题和不足；对工作中认真执行规章制度、表现突出的班组成员进行表扬，对违章指挥、违章作业的人员视情节轻重和造成后果的大小，提出批评或处罚；对人员安排、操作方法、安全生产事项提出改进意见，对操作中发生的不安全因素、职业危害提出防范措施。

[知识学习]

班组长要全面、准确地了解实际情况，使班后会的总结评比具有说服力。同时还要注意工作方法，以灵活机动的方式，激励班组成员安全生产工作的积极性，增强自我保护意识和能力，帮助他们端正态度，克服消极情绪，以达到安全生产的目的。

落实班组安全生产责任制

29. 什么是安全生产责任制?

安全生产责任制是根据我国的“安全第一、预防为主、综合治理”安全生产方针和安全生产法规建立的各级领导、职能部门、工程技术人员、岗位操作人员在劳动生产过程中对安全生产层层负责的制度。安全生产责任制是企业岗位责任制的一个组成部分，是企业中最基本的一项安全生产制度，也是企业安全生产、劳动保护管理制度的核心。

建立安全生产责任制的目的，一方面是增强生产经营单位各级负责人员、各职能部门及其工作人员和各岗位生产人员对安全生产的责任感；另一方面明确生产经营单位中各级负责人员、各职能部门及其工作人员和各岗位生产人员在安全生产中应履行的职责和应承担的责任，以充分调动各级人员和各部门安全生产方面的积极性和主观能动性，确保安全生产。

实践证明，凡是建立、健全了安全生产责任制的企业，各级领导重视安全生产、劳动保护工作，切实贯彻执行

党的安全生产方针、政策和国家的安全生产、劳动保护法规，在认真负责地组织生产的同时，积极采取措施，改善劳动条件，工伤事故和职业性疾病就会减少。反之，就会职责不清，相互推诿，从而使安全生产、劳动保护工作无人负责，无法进行，工伤事故与职业病就会不断发生。

[法律提示]

《安全生产法》第四条规定“生产经营单位必须遵守本法和其他有关安全生产的法律、法规，加强安全生产管理，建立、健全安全生产责任制和安全生产规章制度，改善安全生产条件，推进安全生产标准化建设，提高安全生产水平，确保安全生产。”

[知识学习]

生产经营单位和企业安全生产责任制的主要内容是：厂长、经理是法人代表，是生产经营单位和企业安全生产的第一责任人，对生产经营单位和企业的安全生产负全面责任；生产经营单位和企业的各级领导和生产管理人员，在管理生产的同时，必须负责管理安全工作，在计划、布置、检查、总结、评比生产的时候，必须同时计划、布置、检查、总结、评比安全生产工作。

有关的职能机构和人员，必须在自己的业务工作范围内，对实现安全生产负责。

班组和从业人员必须遵守以岗位责任制为主的安全生产制度，严格遵守安全生产法规、制度，不违章作业，并有权拒绝违章指挥，险情严重时有权停止作业，采取紧急防范措施。

30. 落实安全生产岗位责任制的重要意义是什么?

安全生产责任制是生产经营单位和企业岗位责任制的一个组成部分，根据“管生产必须管安全”的原则，安全生产责任制综合各种安全生产管理、安全操作制度，是对生产经营单位和企业各级领导、各职能部门、有关工程技术人员和生产工人在生产中应负的安全责任加以明确规定的制度。《安全生产法》把建立和健全安全生产责任制作为生产经营单位和企业安全管理必须实行的一项基本制度，在第二章生产经营单位的安全生产保障第十八条第一款作了明确规定，要求生产经营单位的主要负责人要建立、健全本单位安全生产责任制，并对其负责。第十九条规定：“生产经营单位的安全生产责任制应当明确各岗位的责任人员、责任范围和考核标准等内容。生产经营单位应当建立相应的机制，加强对安全生产责任制落实情况的监督考核，保证安全生产责任制的落实。”落实安全生产岗位责任制具有以下重要意义：

（1）落实安全生产岗位责任制是组织集体劳动，保证安全生产，确保安全生产管理的基本条件。

（2）落实安全生产岗位责任制是把企业安全生产工作任务，落实到每个工作岗位的基本途径。

（3）落实安全生产岗位责任制是正确处理人们的安全生产中的相互关系，把职工的创造力和科学管理密切结合起来的基本手段。

（4）落实安全生产岗位责任制是把安全生产管理建立在广泛的群众基础之上，使安全生产真正成为全体职工自觉行动的基本要求。

[相关链接]

落实安全生产岗位责任制对班组安全生产有下列重要作用：

（1）可使班组各项安全生产工作程序化、条理化；使安全生产管理有基准，安全生产考核有标准，安全生产奖惩有依据。

（2）可使班组、岗位的每个成员安全生产任务明确、职责清楚；使安全生产处于完善的、严格的互相促进、互相制约之中。

（3）能巩固岗位安全生产成果，达到改进班组安全生产管理、提高生产效率的目的。

（4）能凝聚岗位人员的安全生产责任感，大家齐心协力共操安全生产心、共保安全生产岗，进而达到班组安全生产目标，为整个企业安全生产工作打下扎实的基础。

31. 岗位安全生产责任有哪些具体要求?

（1）必须贯彻安全规程，严格执行安全技术标准。

（2）建立以班组长和班组安全员为主体的安全生产领导小组，针对本班组的安全生产问题提出措施，发动班组全体成员，查隐患、查缺陷，开展技术革新，提出合理化建议。

（3）针对生产中的薄弱环节和重要工序，确立安全管理重点，加强控制，稳定生产。

（4）班组组织群众性的自检、互检活动，支持专检人员的工作，达到共同保安全生产的目的。

（5）及时反馈安全生产中的信息，认真做好原始记录，对发生的事故按“四不放过”的原则认真处理。

[相关链接]

安全生产岗位责任制一旦制定，班组应从以下方面贯彻执行：

（1）提高对安全生产的思想认识程度。

（2）一旦岗位责任制制定，全班组员工要严格执行，班组长要带头执行。

（3）班组长要经常或定期检查贯彻执行情况，发现问题，及时解决。

（4）在制定安全生产责任时，要充分发动员工参加讨论，广泛听取意见。

（5）必须制定“两个责任”（安全生产责任制和经济责任制）的考核办法，对安全管理的全面情况进行考核。

32. 班组长安全生产责任主要有哪些?

班组安全生产是搞好安全生产工作的关键。班组长全面负责本班组的安全生产，是安全生产法律、法规和规章制度的直接执行者。班组长的主要职责是贯彻执行本单位对安全生产的规定和要求，督促本班组的工人遵守有关安全生产规章制度和安全操作规程，切实做到不违章指挥，不违章作业，遵守劳动纪律。班组长安全生产责任具体体现在以下几个方面：

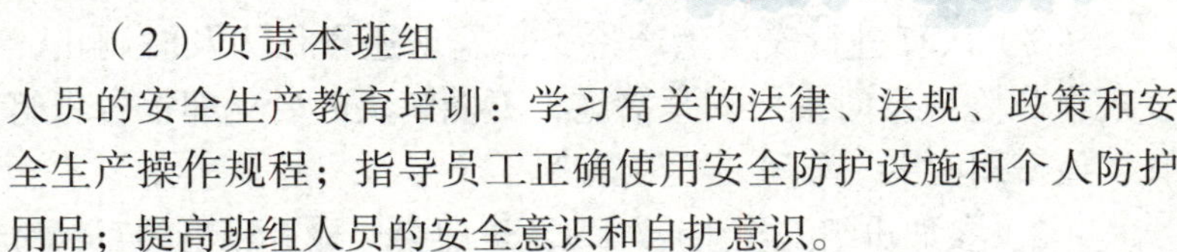

（1）班组长是班组生产的直接指挥者，是班组安全生产的第一责任人，对班组的安全生产全面负责。

（2）负责本班组人员的安全生产教育培训：学习有关的法律、法规、政策和安全生产操作规程；指导员工正确使用安全防护设施和个人防护用品；提高班组人员的安全意识和自护意识。

（3）认真执行交接班制度，进行班前、班后的安全生产检查工作，做好班组的自检工作，不违章作业和冒险指挥；有权禁止班组人员的违章作业，自觉接受安全生产管理人员的监督检查；对上级的违章指挥应提出建议，有权拒绝。

（4）开好班组会，总结前一段的工作，布置下一步的任务，提出安全生产应注意的事项和要求。

（5）要经常对使用的设备、防护用品和作业环境进行检查，发现问题及时解决或向上级部门报告。

（6）遇到不安全的异常情况时，应及时检查或者暂时停产进行检查，并向上级部门或分管安全生产的负责人报告。待情况查明后，确定无异常时方能进行作业。

（7）发生安全生产事故时，要保护好现场，立即上报车

间，并参与事故调查分析。

[知识学习]

班组长的安全生产责任目标是：班组人员安全生产教育率100%，交接班制度执行率100%，安全生产检查执行率100%，班组安全会议制度执行率100%，杜绝违章指挥和违章作业，确保本班组无安全生产事故发生。

33. 副班组长安全生产责任主要有哪些?

（1）在班组长的领导下，协助班组长搞好班组建设，贯彻执行安全生产法律、法规和各项安全生产制度。

（2）认真进行安全生产检查，发现违章行为及时制止，发现事故隐患及时采取安全措施，不能解决的要立即报告班组长、值班调度室、车间，不得隐瞒。

（3）参加班组安全生产学习及班前会，检查班组的互保对子，检查全班组员工穿戴好劳动防护用品。

（4）负责检查设备有无“跑”“冒”“滴”“漏”。

（5）承担负责本班组生产活动的重要职责。

[相关链接]

班组长休班或因为其他原因不在岗时，副班组长要担当起班组长安全生产第一责任人的职责。

34. 班组安全员安全生产责任主要有哪些?

（1）善于发现各种事故隐患并协助班组长及时采取预防事故措施。

（2）协助班组长开好班前、班后会，督促班组长对安全交底时缺席的班组成员进行补课。

（3）协助班组长认真抓好安全生产日常活动，全面分析安全生产现状，研究今后的对策措施。

（4）协助班组长编制好班组年度安全生产目标及其实施计划，以及对新员工的安全生产培训，组织班组员工进行必要的安全生产知识培训。

（5）发生异常及各类不安全事件时，要保护现场，及时汇报，协助班组长调查、分析。

（6）经常检查本班组所管辖的设备及现场设施的安全状况，并监督安全生产工器具的使用和管理工作，制止违章作业。

（7）参加分厂或厂级安全生产活动，起到安全生产信息传递的桥梁作用；对本班组成员的不安全行为（包括班组长的），应及时阻止，或及时向上级领导和安全生产监督管理部门反映。

[相关链接]

安全员是班组长搞好安全生产的参谋和助手，安全员应该热心于安全生产工作，具备安全生产知识和技能，有较高的技术水平，密切联系群众，勇于坚持原则。

35. 岗位员工安全生产责任主要有哪些?

（1）有遵守本单位的安全生产规章制度和操作规程，服从管理，正确佩戴和使用劳动防护用品的责任。

（2）有接受安全生产教育和培训，掌握本职工作所需的安全生产知识，提高安全生产技能，增强事故预防和应急处理能力的责任。

（3）有发现事故隐患或者其他不安全因素，立即向现场安全生产管理人员或者本单位负责人报告的责任。

[相关链接]

根据从事的行业工种不同，从业人员所处的岗位不同，不同的岗位员工有相应的安全生产责任。

[法律提示]

《安全生产法》对从业人员的安全生产义务是这样规定的：

第五十四条：从业人员在作业过程中，应当严格遵守本单位的安全生产规章制度和操作规程，服从管理，正确佩戴和使用劳动防护用品。

第五十五条：从业人员应当接受安全生产教育和培训，掌握本职工作所需的安全生产知识，提高安全生产技能，增强事故预防和应急处理能力。

第五十六条： 从业人员发现事故隐患或者其他不安全因素，应当立即向现场安全生产管理人员或者本单位负责人报告；接到报告的人员应当及时予以处理。

实现班组安全生产目标

36. 如何制定班组安全生产管理目标？

目标管理就是围绕确定目标和实现目标开展一系列的管理活动。

安全生产目标管理是目标管理方法在安全工作上的应用。安全生产目标管理是目标管理的重要组成部分，是围绕实施安全生产目标开展安全生产管理的一种综合性较强的管理方法。班组安全生产目标管理是指针对企业安全方针和总体目标的实现，班组在政策落实上应该制定的相应的安全生产目标、任务和对策。制定实现目标的对策措施有三个方面：企业安全生产目标方针；企业总体安全生产目标；实现目标管理的对策措施。班组制定安全生产管理目标，应注意把握以下环节：

（1）企业与车间年度安全管理总目标是制定班组安全管理目标的基本依据，也就是说，企业与车间安全管理总目标、班组安全管理分目标是全局与局部的关系，局部必须服从全局，即车间安全管理的分目标必须服从企业安全管理的总目标，班

组安全管理的分目标必须服从车间的安全管理目标。

（2）确定的安全管理目标要切合实际。班组的安全目标值是其技术与管理水平的综合反映，应从实际出发，恰如其分地确定。在制定班组安全管理目标时，应由班组长及安全员根据班组生产性质、近年安全实绩、安全管理基础、人员素质、设备状况等拟订班组安全目标的初步设想，将控制要求分解，具体列出目标限额，如确定不发生的差错和违章以及安全目标同期内总计违章扣分的控制指标，运行班组缺陷上报率、定期巡回检查到位率，检修班组的消缺率、检修率，施工班组的设备、材料、机具、千元以上经济损失事件的控制，安全施工作业票的合格率等，安全工器具的数量、配套率及完好率，全年度的安全活动、运行分析、反事故演练、消防训练的次数等。在班组成员充分讨论、建议的基础上，制定出本班组的安全目标，并贴在醒目的地方，公之于众。

（3）在班组安全目标的基础上，班组成员应制定出自己的年度安全目标和措施，制定过程中应根据每位成员的实际情况，如安全意识、业务技术水平、工种、制度熟悉情况、实际工作中的安全状况、所管辖设备的实际状况等，提出问题，加以解决。要使每个人都明确自己在目标体系中的地位和作用，以及为实现班组集体目标所承担的责任。

（4）各班组及各班组成员的安全目标、措施要因组而异、因人而异，不应相互抄袭，要坚持实事求是的原则，通过安全目标的制定，促进班组安全状况的改进，杜绝班组成员的违章现象。

[相关链接]

实现班组目标化管理的重要性体现在以下几个方面：

（1）通过目标化管理，可以使班组成员明确工作方向，避免因走弯路而浪费时间。

（2）目标就像一个过滤系统，它可以选出哪些是要做的事情，过滤掉无关的事情，以提高工作效率。目标明确会使工作更加井然有序。

（3）通过不断地目标实现，能给予人成就感，进而唤起班组员工巨大的潜能，追求更高的目标。所以目标管理追求的是以目标激励员工，而不是以控制为目的管理员工。

[知识学习]

目标能够带来四大好处：（1）提高企业员工的士气；（2）发展员工的自身能力；（3）聚焦企业资源；（4）实现工作绩效。

目标和目标管理是不同的："目标"是一种期望或设计达到的结果；"目标管理"是通过设定不同方面和层级目标的方法，引导执行者追求，能给予执行者成就感，激发执行者潜能，快速、有效地实现最终目标的管理方法，它是一个实现目标的过程。

37. 安全生产目标如何落实?

（1）安全生产总目标设定以后，必须按层次逐级进行目标的分解落实，使目标越来越具体化。这种对总目标的逐级分解或细分称为目标展开。目标展开的目的在于最后形成完整的纵横方向的目标网络体系。

（2）企业安全生产总目标确定后，还必须制定企业实现目标的措施，并把措施变成各部门、各班组和每个职工的奋斗目标，做到层层落实。通过措施的层层落实保证企业安全生产目标体系的实现，即组织动员企业全体职工共同努力，来实现企业的安全生产总目标。

（3）措施体系的制定要做到安全生产措施与安全生产目标相对应，使每个目标值都有具体的保证措施。

（4）企业中各级目标的作用和地位是有区别的，一般越是上层，其目标越带有战略性、指导性和概括性；越是下层，其目标越带有战术性，其内容越加具体。目标展开的方法：一是按目标设定的程序图所规定的层级进行；二是把上一级的措施作为下一级的基础目标。

[相关链接]

制定措施（即目标展开）体系应注意：要用系统展开图示表达；目标展开必须由上而下系统展开，各级相互关系要注明，负责人、日期也要注明；目标一定要按项目展开（部门、设备、产品性质、操作人员等项目）；目标要用数据说话，否则将不可靠。

38. 如何考核班组安全生产目标?

班组安全考核要和安全责任制挂钩，要避免考核时重“硬”轻“软”的倾向，更不能以“硬”指标掩盖或取代“软”指标。具体做法是：安全检查，即每个月对安全管理情况进行检查，由车间组织专人查或工会组长牵头查；安全考核，考核中要从严从实，认真把关。对于经济技术指标和班组安全管理指标，要严格按照定量要求进行考核，做到不降标准、不漏项目；对于安全文化建设方面的定性指标，则要特别注意考核知识技能、进取精神、劳动态度、团结协作精神等。

有的班组在安全管理的实施和考核上，所采取的具体做法

是：以安全责任制促进安全目标的落实，把考核个人的主要经济技术指标与安全工作目标纳入岗位安全责任制中，以百分制或其他方式进行考核；以指标单项竞赛促进安全目标的实施，应用激励的方法，组织班组成员开展“比学赶帮超”活动，如安全生产竞赛、岗位练兵、提安全合理化建议、查隐患堵漏洞等。班组安全生产目标考核具体从以下两个方面入手：

（1）目标实施结果的检查

安全生产目标在实施过程中及完成后，都要进行检查。检查的方式有自我检查和上级检查两种：自我检查可以随时进行；上级检查一般在目标完成后或者在月、季、年终工作总结时进行。检查要实事求是地坚持既定目标的标准，以便为后来的目标评价打下良好基础。

（2）目标实施结果的评价及步骤

在一个循环周期结束后，必须对目标执行结果进行评价，使达标者更加增强信心，未达标者明确今后的努力方向，推进安全生产目标管理不断深入。评价内容一般包括：各执行层次对目标完成的情况、存在的各类问题、目标管理的思路和办法的优劣等。

[相关链接]

目标实施结果的评价步骤：

一般先由目标执行者对目标完成情况按照评价方法中规定的标准进行自我评定，对完成目标所实施的方案、进度、手段、条件等情况进行综合评定，总结成功经验和失败教训。其次是上级指导，上级以检查结果和目标卡为依据，在协商、讨论的基础上，对目标执行者进行指导，正确评价其结果，找出成功经验，指出不足之处的原因。评价结果作为奖惩依据，并要切实兑现，使安全生产目标管理具有持久性和严肃性。

39. 制定班组安全生产管理目标应遵循哪些原则？

（1）根据上一层次安全生产管理的分目标或子目标及班组自身的实际情况，与职工一起制定。

（2）班组安全生产管理目标应使整个班组的安全生产管理工作与每一位职工应承担的具体安全生产责任充分地融为一体。

（3）目标管理是一种过程，是一种动态管理，通过检查、监督、信息反馈及对目标的调整来保证总目标和分目标的完成。

（4）安全生产管理目标要切合实际，要分清主次，突出重点，内容明确，具有可操作性。

（5）对安全生产目标的实施结果应进行评比、考核，确定奖惩办法，激励职工自觉地遵守各项安全生产规章制度和操作规程。

[知识学习]

安全生产管理目标的建立与班组及个人的安全生产责任制相结合，并形成规范化的制度管理，以所制定的安全生产目标来要求和规范班组成员的安全行为。

40. 班组安全生产目标主要有哪些内容?

班组安全生产目标化管理是建立一整套科学的管理制度和责任制。班组安全生产状况的好坏离不开班组成员的安全意识、技术素质和遵章作业的自觉性。为此，实行班组安全生产目标管理首先要从制度上提供保证，如建立班组安全思想教育制度，把思想教育列入班组考核的内容，使职工自觉参加教育活动。

建立技术培训制度，定期对职工进行技术培训、考核，特别是要让技术过关的人员担任班组长，上岗前要经过培训达到持证上岗。建立工程质量检查验收、交接班和工作汇报等项制度，使班组之间互相配合、互通信息，保证及时消除安全生产事故隐患，避免班组之间相互“扯皮、作梗”的情况发生。

[相关链接]

制定班组安全生产责任制方面，除了要明确班组长和安全员的责任制之外，还要制定全班和每个成员的责任制，做到责、权、利三者有机统一，使每个人各司其职、各负其责，激发出每个成员的积极性，真正把安全生产作为自己义不容辞的责任，以高度的责任感搞好安全生产工作。

41. 班组长在实现安全生产目标中的重要作用是什么？

班组长既是生产一线的直接组织指挥者，又是生产一线作业的带头人。其素质高低，直接制约着班组安全生产目标管理的实现。

要使班组的工作顺利开展，确保安全生产管理目标的实现，一是要做好班组长的择人授任，即所择用的班组长应具备以下条件：作风正派、办事公道，能带领本班组员工完成各项任务；技术过硬、关心职工、善于协调人际关系，身体素质好，能吃苦耐劳；目标一致、相互协作，这样，才能带领员工落实好各项措施，遵章操作，确保安全生产。二是要加强班组长教育，严格培训、严格考核，提高他们的政治素质、技术素质、管理素质。只有素质较高的班组领导核心，才能更好地落实班组安全生产的各项措施、制度，才能实现安全生产管理的最终目标。

[相关链接]

从生产一线的班组长队伍情况上看，不同程度地存在这样一些问题：有的班组长不了解自己的基本职责，不善于合作，只顾自己干活；不抓班中管理，调度无方，往往导致事故；只顾本班产量多少，不顾下个班次人员的安危，“扯皮”现象严重、忽视安全保护，更不用说防患于未然了。同时，有的企业领导对班组长的要求很低，片面认为身强力壮就行，导致无人想当班组长这个“苦差”。因此企业应重视班组长队伍的建设，把班组长队伍建设当成一件大事来抓。

42. 班组安全生产目标责任书的主要内容应包括哪些部分？

（1）总目标部分

此部分内容是指根据法律、法规要求，为达到安全生产方针，根据相关原则来制定此责任书。

（2）权利和义务

此部分内容包括：督促检查安全生产工作，及时消除安全事故隐患；加强对员工的安全培训，不断提高员工的安全操作水平；定期检查员工个人防护用品的发放和使用、佩戴情况；在安全生产工作

中，要全面贯彻执行安全生产方针政策、法律、法规、标准，建立、健全和落实安全生产责任制，审定颁发本单位统一性的安全规章制度等。

（3）工作目标

此部分包括制定此责任书所要求达到的目标。

（4）考核与奖惩

此部分内容包括：工段、班组的月考核由车间主任、副主任结合工作落实情况，安全生产绩效等进行全面考核；车间月考核由总经理办公室和分管副总经理结合工作落实情况，安全生产绩效等全面考核；年终考核由主管安全生产的副总经理负责组织，结合全年安全生产情况，提出奖罚建议，由公司会议研究决定；对出现重大事故的单位、车间主要负责人，报请上级主管部门给予行政处分，构成犯罪的移交司法机关，追究法律责任等。

（5）其他内容

关于责任书的有效期和如何落实、如何存档和班组责任人签字等相关的其他部分内容。

[知识学习]

班组安全生产目标责任书的工作目标可定为：

（1）在公司安全生产领导小组和上级有关部门的领导下，全面贯彻执行国家法律、法规和公司、车间有关安全生产的规定。

（2）加强对员工的岗位技能培训，不断提高员工的安全素质。

（3）监督、教育员工按规定使用、佩戴劳动防护用品，严防各类安全事故的发生。

（4）根据本单位的安全生产特点，对安全生产状况进行经常性检查，对检查发现的问题，应立即处理。不能处理时，应及时报告本单位有关负责人，检查及处理结果应当记录在案。

（5）对安全生产设备进行经常性维护保养并定期检测，保证设备的正常运转，维护、保养、检测应当做好记录，并由有关人员签字。

（6）应当教育和督促从业人员严格执行本单位的安全生产规章制度和安全检查操作规程，并向从业人员如实告知作业场所和工作岗位存在的危险因素、防范措施以及事故应急措施。

掌握安全生产技术

43. 什么是安全人机工程?

安全人机工程是运用人机工程学的理论和方法研究“人—机—环境”系统，并使三者在安全的基础上达到最佳匹配，以确保系统高效、经济运作的一门综合性的学科。

安全人机工程主要研究内容包括以下四个方面：

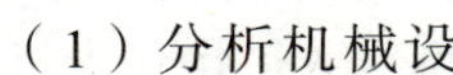

（1）分析机械设备及设施在生产过程中存在的不安全因素，并有针对性地进行可靠性设计、维修性设计、安全装置设计、安全启动和安全操作设计及安全维修设计等。

（2）研究人的生理和心理特性，分析研究人和机器各自的功能特点、进行合理的功能分配，以构建不同类型的最佳人机系统。

（3）研究人与机器相互接触、相互联系的人机界面中的信息传递的安全问题。

（4）分析人机系统的可靠性，建立人机系统可靠性设计原

则，据此设计出经济、合理以及可靠性高的人机系统。

[知识学习]

在人机系统中，人始终起着核心和主导作用，机器起着安全可靠的保证作用。解决安全问题的根本是实现生产过程的机械化和自动化，让工业机器人代替人的部分危险操作，从根本上将人从危险作业环境中彻底解脱出来，实现安全生产。

44. 人机系统的类型有哪些？

人机系统类型多种多样，有些很简单，有些极复杂，主要有以下两种分类方法：

（1）从反馈作用上可分为闭环系统和开环系统两种类型

闭环人机系统也叫反馈控制人机系统，其特点是系统的输出直接作用于系统的控制；开环人机系统的特点是系统输出不对系统的控制发生作用，所提供的反馈信息不能控制下一步的操作。

（2）从自动化程度上可分为人工操作人机系统、半自动化人机系统及自动化人工系统三种类型：人工操作人机系统中，由人供给系统所需动力并控制整个操作过程；半自动化人机系统中，人作为生产过程的控制者，在操作过程中感知信息和处理信息，操纵具有动力的机具设备；自动化人机系统中，人通过显示器对生产过程进行监督，生产过程中的信息接受及处理全部由机械完成。

[知识学习]

自动化人机系统是当前追求的热点，能够大量解放人力。但是，即使是完全自动化的人机系统，人仍然占有主动地位，生产过程仍需要人进行决断，并不能完全取代人在系统中的决定作用。

45. 机械本质安全化主要有哪些内容？

设备的本质安全措施可以通过设备本身和控制器的安全设计来实现。机械本质安全化的基本思路主要是：

（1）从根本上消除发生事故的条件

许多机械事故是由于人体接触了危险点。将危险操作采用自动控制、用专用工具代替人手操作、实现机械化等都是保证人身安全的有效措施。

（2）设备能自动防止操作失误和设备故障

设备应有自动防范措施，以避免发生事故。这些措施应能达到：即使操作失误，也不会导致设备发生事故，即使出现故障，应能自动排除、切换或安全停机；当设备发生故障时，不论操作人员是否发现，设备应能自动报警，并做出应急反应，更理想的是还能显示设备发生故障的部位。

[相关链接]

机械设备本质安全化可以通过下面三个方面实现：

（1）设计阶段

采用技术措施来消除危险，使人不可能接触或接近危险区，或者将危险区完全封闭，采用安全装置，实现机械化和自动化等。

（2）操作阶段

建立有计划的维护保养和预防性维修制度；采用故障诊断技术，对运行中的设备进行状态监督；避免或及早发现设备故障，对安全装置进行定期检查，保证安全装置始终处于可靠和待用状态，提供必要的个人防护用品等。

（3）管理措施

指导设备的安全使用，向用户及操作人员提供有关设备危险性的资料、安全操作规程、维修安全手册等技术文件；加强对操作人员的教育和培训，提高工人发现危险和处理紧急情况的能力。

46. 人机系统常见的安全生产事故有哪些?

机械设备在规定的使用条件下执行其功能的过程中，以及在运输、安装、调整、维修、拆卸和处理时，无论处于哪个阶段，处于哪种状态，都存在着危险与有害因素，都有可能对操作人员造成伤害。机械设备存在的危险与有害因素的不同状态如下：

（1）正常工作状态下

机械设备在完成预定功能的正常工作状态下，存在着不可避免的但却是执行预定功能所必须具备的运动要素，并可能产生危害后果。如零部件的相对运动、刀具的旋转、机械运转的噪声和振动等，使机械设备在正常工作状态下存在碰撞、切割、作业环境恶化等对操作人员安全不利的危险因素。

（2）非正常工作状态下

在机械设备运转过程中，由于各种原因引起的意外状态，包括故障状态和维修保养状态。设备的故障不仅可能造成局部或整机的停转，还可能对操作人员构成危险，如运转中的砂轮片破损会导致砂轮飞出造成物体打击事故；电气开关故障会产生机械设备不能停机的危险。机械设备的维修保养一般都是在停机状态下进行，由于检修的需要往往迫使检修人员采用一些特殊的做法，如攀高、进入狭小或几乎密闭的空间、将安全装置拆除等，使维护和修理过程容易出现正常操作不存在的危险。

（3）非工作状态下

机械设备停止运转处于静止状态时，一般情况下是安全的，但是也不排除发生伤害的可能。如由于环境照明度不足导致人员发生碰撞事故；室外机械设备由于稳定性不够在风力作用下发生垮塌、滑移或倾翻等。

常见的由于机械造成的安全生产事故有以下几种类型：

（1）卷入和挤伤

即两旋转件之间或旋转件与固定件之间的运动将人体某一部分卷入或挤伤。

（2）碰撞和撞击

如做往复直线运动的工作台或滑枕等执行件撞击人体，高

速旋转的工具、工件及碎片等击中人体；起重作业中起吊物的坠落伤人或人从高层建筑上坠落伤亡。

（3）接触伤害

即人体某一部分接触到运动或静止机械的尖角、棱角、锐边、粗糙表面等发生的划伤或割伤的机械伤害和接触到过冷、过热及绝缘不良的导电体而发生冻伤、烫伤及触电等伤害事故。

[血的教训]

某厂磷铵车间化工一班班长陈某、组员秦某、尹某、王某等人值夜班，交接班后，各自到岗位上班。陈某、秦某两人工作职责之一是到磷酸工段巡查，尹某是盘式过滤机岗位操作工，王某是磷酸工段中控岗位操作工，其职责包括对过滤机进行巡查。7时45分左右，系统正式开车，陈某离开三楼去其他岗位巡查，尹某在调冲水量及角度后到絮凝剂加料平台观察絮凝剂流量大小，尹某当时看到王某在三楼过滤机热水桶位置处。经过一分多钟，尹某突然听见过滤机处发出一声惨叫，急忙跑下平台楼到操作室关掉过滤机主机电源，然后跑出操作室看见王某挂在过滤机导轨上。当时王某大腿卡在翻盘叉（随平台转动设备）与导轨之间，已明显骨折。施救人员迅速倒转过滤机后将王某取出，并抬到磷酸中控室（二楼），经紧急现场抢救终因伤势过重死亡。

47. 班组生产中，如何控制常见的人机事故？

（1）检查并改进机械设备存在的先天性潜在缺陷，例如检查修复或改进机械防护、保险、信号等装置缺乏或有缺陷，设备、设施、工具、附件有缺陷，个体防护用品用具缺少或有缺陷，生产（施工）场地环境不良等。

（2）机械设备长期使用会由于磨损、老化降低了设备的可靠性而产生潜在危险因素，如裂纹、腐蚀等缺陷。此类隐患未被发现或者忽视而使设备“带病”运转是极其危险的。

（3）防止人的不安全行为是控制常见事故的主要方法之一，例如利用安全管理规章制度以控制：操作错误造成安全装置失效，使用不安全设备，用手代替工具操作，物体存放不当，冒险进入危险场所，违反操作规定，注意力分散，忽视个体防护用品、用具的使用，不安全装束等。

[知识学习]

人的不安全行为，有的是由于安全意识差而做的有意行为或错误行为，有的则是由于人的大脑对信息处理不当而做的无意行为，如误操作或误动作。人的任何一种不安全行为都可能导致事故发生。绝大多数人机事故是可以采取故障诊断等预先识别技术加以防范的。

48. 班组生产常见的粉尘来自哪里？

班组生产中，常见的粉尘来自以下几个方面：

（1）固体物质的机械加工、粉碎。

（2）金属的研

磨、切削。

（3）矿石的粉碎、筛分、配料和岩石的钻孔、爆破和破碎等。

（4）耐火材料、玻璃、水泥和陶瓷等工业中的原料加工。

（5）皮毛、纺织物等原料的处理。

（6）化学工业中固体原料加工处理，物质加热时产生的蒸气、有机物质的不完全燃烧所产生的烟。

（7）粉末状物质在混合、过筛、包装和搬运等操作时产生的粉尘以及沉寂的粉尘二次扬尘等。

[相关链接]

尘肺是由于在生产环境中长期吸入生产性粉尘而引起的肺弥漫性间质纤维化改变的全身性疾病。它是职业性疾病中影响面最广、危害最严重的一类疾病。目前我国将尘肺病分为12类：

（1）矽肺，由于吸入粉尘的主要成分是游离二氧化硅而引起。

（2）煤工尘肺，主要接触游离二氧化硅含量较低的煤尘所致。

（3）石墨尘肺，接触较高浓度的石墨粉尘引起。

（4）碳黑尘肺，接触吸入碳黑粉尘引起。

（5）石棉肺，由于吸入石棉粉尘后引起。

（6）滑石尘肺，由于吸入滑石粉尘后引起。

（7）水泥尘肺，由于吸入成品水泥粉尘引起。

（8）陶工尘肺，属于混合尘肺。吸入粉尘性质较杂，主要为含高岭土和一定量的游离二氧化硅粉尘。

（9）云母尘肺，接触含有一定量的游离二氧化硅、云母粉尘后引起。

（10）铝尘肺，长期吸入金属铝粉或氧化铝粉尘引起。

（11）电焊工尘肺，长期吸入了电焊时产生的烟尘所引起，这种烟尘成分与使用的焊条成分有关，属于混合性尘肺。

（12）铸工尘肺，吸入含游离二氧化硅量很低的黏土、石墨、石灰石、滑石等混合性粉尘引起的尘肺。

49. 班组生产常见的毒物有哪些？

生产过程中形成或应用的各种对人体有害的化学物，称为生产性毒物。生产性毒物的分类方法很多，按其生物作用可分为神经毒、血液毒、窒息性毒及刺激性毒等；按其化学性质可分为金属毒、有机毒、无机毒等；按其用途可分为农药、食品添加剂、有机溶剂、战争毒剂等。

凡少量物质进入人体后，能与人体的机体组织发生化学或者物理化学作用，并能造成机体暂时的或永久的病理状态者，称为毒物。

生产性毒物在生产环境中有以下几种形态：

（1）固体，如氰化钠、对硝基氯苯。

（2）液体，如苯、汽油等有机溶剂。

（3）气体，即常温、常压下呈气态的物质，如二氧化硫、

氯气等。

（4）蒸气，固体升华、液体蒸发或挥发时形成蒸气，如喷漆作业中的苯、汽油、醋酸酯类等的蒸气。

（5）粉尘，能较长时间悬浮在空气中的固体微粒称作粉尘，其粒子大小多在0.1~10微米。机械粉碎、辗磨固体物质，粉状原料、半成品或成品的混合、筛分、运送、包装过程等，都能产生大量粉尘，如炸药厂的三硝基甲苯粉尘。

（6）烟（尘），微悬浮在空气中直径小于0.1微米的固体微粒。某些金属熔融时产生的蒸气在空气中迅速冷凝或氧化而形成烟，如熔炼铅所产生的铅烟，熔钢铸铜时产生的氧化锌烟。

（7）雾，为悬浮于空气中的液体微滴，多由于蒸气冷凝或液体喷洒形成。如喷洒农药时的药雾，喷漆时的漆雾。

（8）气溶胶，悬浮于空气中的粉尘、烟及雾，统称为气溶胶。

[知识学习]

生产性毒物对人体的危害主要有以下几个方面：

（1）局部刺激和腐蚀作用。如强酸（硫酸、硝酸）、强碱（氢氧化钠、氢氧化钾）等，可直接腐蚀皮肤和黏膜。

（2）阻止氧的吸收、运输和利用。如一氧化碳吸入后很快与血红蛋白结合，而影响血红蛋白运送氧气；刺激性气体和氯气吸入可形成肺水肿，妨碍肺泡的气体交换，使之不能吸收氧气；惰性气体或毒性较小的气体如氮气、甲烷、二氧化碳，可由于在空气中降低氧分压而造成窒息。

（3）改变机体的免疫功能。毒物干扰机体免疫功能，致使机体免疫功能低下，对某些疾病易感性增强。

（4）机体酶系统的活性受到抑制。

（5）“三致”，即致癌、致畸、致突变作用。

50. 什么是职业性有害因素？职业性有害因素如何分类？

职业性有害因素是指与生产有关的劳动条件，包括生产过程、劳动过程和生产环境，对劳动者健康和劳动能力产生有害作用的职业因素。职业性有害因素按其性质可以分为以下几种：

（1）物理性有害因素

1）异常气候条件，包括高温、高湿、低温、高气压、低气压等。

2）电磁辐射，如红外线、紫外线、激光、微波、高频电磁场等。

3）电离辐射，如X射线、γ射线。

4）噪声和振动。

（2）化学性质有害因素

1）毒物，如铅、汞、苯、一氧化碳等。

2）生产性粉尘，如矽尘、石棉尘、煤尘等。

（3）生物性有害因素

如皮毛上的炭疽杆菌及森林脑炎病毒、布氏杆菌等。

（4）其他有害因素

1）劳动组织和制度不合理。

2）劳动强度过大或生产定额不当。

3）个体个别器官或系统过度紧张。

4）生产场所建筑设施不符合设计卫生标准要求。

5）缺乏适当的机械通风、人工照明等安全技术措施。

6）缺乏防尘、防毒、防暑降温、防寒保暖等设施，或设施不完善。

7）安全防护或防护器具有缺陷。

[法律提示]

2013年12月23日，国家卫生和计划生育委员会、人力资源和社会保障部、国家安全生产监督管理总局和全国总工会联合下发了《职业病分类和目录》（国卫疾控发〔2013〕48号），从即日起施行。2002年4月18日原卫生部和原劳动和社会保障部联合印发的《职业病目录》同时废止。

执行班组安全生产标准化

51. 什么是标准化和作业标准化？

标准化的定义包含以下几个方面含义：

（1）标准化是一项活动过程，这个过程是由三个关联的环节组成，即制定、发布和实施标准。标准化三个环节的过程已作为标准化工作的任务列入《中华人民共和国标准化法》的条文中。《标准化法》第三条规定："标准化工作的任务是制定标准、组织实施标准和对标准的实施进行监督。"这是对标准化定义内涵的全面而清晰的概括。

（2）这个活动过程在深度上是一个永无止境的循环上升过程。即制定标准，实施标准，在实施中随着科学技术进步对原标准适时进行总结、修订，再实施。每循环一周，标准就上升到一个新的水平，充实新的内容，产生新的效果。

（3）这个活动过程在广度上是一个不断扩展的过程。如过去只制定产品标准、技术标准，现在又要制定管理标准、工作标准；过去标准化工作主要在工农业生产领域，现在已扩展到安全、卫生、环境保护、交通运输、行政管理、信息代码等。标准化正随着社会科学技术进步而不断地扩展和深化自己的工作领域。

（4）标准化的目的是"获得最佳秩序和社会效益"。最佳秩序和社会效益可以体现多方面，如在生产技术管理和各项管理工作中，按照 GB / T 19000建立质量保证体系，可以保证和提高产品质量，保护消费者和社会公共利益；简化设计，完善工艺，提高生产效率；扩大通用化程度，方便使用维修；消除贸易壁垒，扩大国际贸易和交流等。

所谓作业标准化，就是在对作业系统调查分析的基础上，将现行作业方法的每一操作程序和每一动作进行分解，以科学技术、规章制度和实践经验为依据，以安全、质量效益为目标，对作业过程进行改善，从而形成一种优化作业程序，逐步达到安全、准确、高效、省力的作业效果。班组作业标准化是预防事故、确保安全的基础。

[相关链接]

标准化是一项活动过程，这个过程是由三个关联的环节组成，即制定、发布和实施标准，从而达到统一，以获得最佳秩序和社会效益。推行作业标准化具有如下意义：标准化作业是安全生产的客观需要；作业标准化是管理规范化的基础；标准化作业是安全规章制度的具体化。

52. 标准化作业的主要内容有哪些？

（1）作业过程

作业过程标准化包括作业程序标准、交接班标准、方法标准、作业手段标准、使用工器具标准等。

（2）人的行为

人的行为标准化包括操作动作标准、指挥动作标准、交流手势（即体态语言）标准、语言和口令标准等、劳动防护用品穿戴标准、自身穿戴标准。

（3）作业环境

作业环境标准化包括材料堆放标准、工器具放置标准、安全标志布设标准、防护装置布设标准。

（4）作业设备

作业设备标准化包括设备运行过程监护标准、设备检查标准、设备维护标准、定期修理标准等。

（5）作业管理

作业管理标准化包括管理制度标准、管理活动过程和内容及形式标准、管理信息标准、管理信息传递标准。

[法律提示]

我国《标准化法》第七条规定：“国家标准、行业标准分为强制性标准和推荐性标准。保障人体健康，人身、财产安全的标准和法律，行政法规规定强制执行的标准是强制性标准，其他标准是推荐性标准。”

强制性标准包括：①药品标准，食品卫生标准，兽药标准；②产品及产品生产、储运和使用中的安全、卫生标准，劳动安全、卫生标准，运输安全生产标准；③工程建设的质量、安全、卫生标准及国家需要控制的其他工程建设标准；④环境保护的污染物排放标准和环境质量标准等。

强制性标准的广泛制定和强制实施，对保障人体健康和人身财产安全、保护环境将起重要作用。根据标准化法和产品质量法规定，不符合强制性标准的产品应责令停止生产、销售，并处以罚款，情节严重可以追究刑事责任。

[知识学习]

要做到作业标准化，必须同时使作业过程所涉及的各要素也要达到标准化。由此可见，广义的作业标准化除了作业程序、方法、手段的标准化外，还包括人的行为规范、作业环境整治、设备检查维修、工器具放置使用、劳动防护用品穿戴、个体防护设施准备以及共同作业的指挥联络等各方面的标准化。

53. 常见的安全生产标准可以分为哪几类?

安全生产标准分为：基础标准、管理标准、技术标准、方法标准和产品标准等五类：

（1）基础标准

基础类标准主要指在安全生产领域的不同范围内，对普遍的、广泛通用的共性认识所作的统一规定，是在一定范围内作为制定其他安全生产标准的依据和共同遵守的准则。其内容包括制定安全生产标准所必须遵循的基本原则、要求、术语、符号；各项应用标准、综合标准赖以制定的技术规定；物质的危险性和有害性的基本规定；材料的安全基本性质以及基本检测方法等。

（2）管理标准

管理类标准是指通过计划、组织、控制、监督、检查、评价与考核等管理活动的内容、程序、方式，使生产过程中人、物、环境各个因素处于安全受控状态，直接服务于生产经营科学管理的准则和规定。

安全生产方面的管理标准主要包括安全教育、培训和考核等标准，重大事故隐患评价方法及分级等标准，事故统计、分析等标准，安全系统工程标准，人机工程标准以及有关激励与惩处标准等。

（3）技术标准

技术类标准是指对于生产过程中的设计、施工、操作、安装等具体技术要求及实施程序中设立的必须符合一定安全要求以及能达到此要求的实施技术和规范的总称。

这类标准有金属非金属矿山安全规程、石油化工企业设计防火规范、烟花爆竹工厂设计安全规范、烟花爆竹劳动安全技术规程、民用爆破器材工厂设计安全规范、建筑设计防火规范等。

（4）方法标准

方法类标准是对各项生产过程中技术活动的方法所规定的标准。安全生产方面的方法标准主要包括两类：一类以试验、检查、分析、抽样、统计、计算、测定、作业等方法为对象制定的标准，如试验方法、检查方法、分析方法、测定方法、抽样方法、设计规范、计算方法、工艺规程、作业指导书、生产方法、操作方法等；另一类是为合理生产优质产品，并在生产、作业、试验、业务处理等方面为提高效率而制定的标准。这类标准有安全帽测试方法、防护服装机械性能材料抗刺穿性及动态撕裂性的试验方法、安全评价通则、安全预评价导则、安全验收评价导则、安全现状评价导则等。

（5）产品标准

产品类标准是对某一具体设备、装置、防护用品的安全要求作出规定或者对其试验方法、检测检验规则、标志、包装、运输、储存等方面所做的技术规定。它是在一定时期和一定范围内具有约束力的技术准则，是产品生产、检验、验收、使用、维护和洽谈贸易的重要技术依据，对于保障安全、提高生产和使用效益具有重要意义。产品标准的主要内容包括：①产品的适用范围。②产品的品种、规格和结构形式。③产品的主要性能。④产品的试验、检验方法和验收规则。⑤产品的包装、储存和运输等方面的要求。

这类标准主要是对某类产品及其安全要求作出的规定，如煤矿安全监控系统、煤矿用隔离式自救器等。

[法律提示]

2006年9月26日，国家安全生产监督管理总局局长办公会议审议通过《安全生产标准制修订工作细则》，自2006年11月1日起施行。

《安全生产标准制修订工作细则》（以下简称《细则》）分为六章三十条，各章内容为：第一章总则，第二章立项和计划，第三章起草，第四章征求意见，第五章审查和报批，第六章发布和备案，第七章附则。制定该《细则》的目的，是根据《标准化法》《标准化法实施条例》《安全生产行业标准管理规定》和《全国安全生产标准化技术委员会章程》等有关规定，规范安全生产标准的制修订工作。

《细则》第二条规定：本细则所称的安全生产标准包括安全生产方面的国家标准（GB）、行业标准(AQ)。

第三条规定：国家安全生产监督管理总局（以下统称安全监管总局）、国家标准化管理委员会（以下统称国家标准委）对安全生产标准制修订工作实施管理。全国安全生产标准化技术委员会(以下统称安标委)负责安全生产标准制修订工作。全国安全生产标准化技术委员会的煤矿安全、非煤矿山安全、化学品安全、烟花爆竹安全、粉尘防爆、涂装作业、防尘防毒等分技术委员会（以下统称分标委）负责其职责范围内的安全生产标准制修订工作。

第四条规定：安全监管总局根据安全生产工作的需要，组织制定安全生产标准工作规划和年度计划。国家标准计划项目由国家标准委下达和公布，行业标准计划项目由安全监管总局下达和公布。

第二十四条规定：国家标准由国家标准委统一编号、发布。行业标准由安全监管总局统一编号、发布。

54. 什么是企业安全生产标准化?

安全生产标准化是指，通过建立安全生产责任制，制定安全管理制度和操作规程，排查治理隐患和监控重大危险源，建立预防机制，规范生产行为，使各生产环节符合有关安全生产法律、法规和标准规范的要求，人、机、物、环处于良好的生产状态，并持续改进，不断加强企业安全生产规范化建设。

安全生产标准化的这一定义涵盖了企业安全生产工作的全局，是企业开展安全生产工作的基本要求和衡量尺度，也是企业加强安全管理的重要方法和手段。而《标准化法》中的“标准化”，主要是通过制定、实施国家、行业等标准，来规范各种生产行为，以获得最佳生产秩序和社会效益的过程，二者有所不同。

企业安全生产标准化工作就是在企业生产经营和全部活动中，全面贯彻执行国家、地区、行业颁发的各项规程、规章、标准，按标准组织生产经营活动，按标准从事各项管理工作，按标准进行作业和工作，按标准对企业各个环节进行持续改进和自我完善。同时，要依据这些标准，结合企业实际、建立起科学严格的企业内部技术标准、质量标准、工作标准、管理标准、作业标准及其他各项基础管理制度等，使企业的各项活动、每项工作和作业工序、环节、岗位及每个员工的工作都有标准可供遵循，都在标准的指导和约束下进行，从而提高企业的工作质量、产品质量、服务质量，降低成本、提高效率、增加效益，进而增强市场竞争能力。

而安全生产标准化，就是将标准化工作引入和延伸到安全生产工作中来，它是企业全部标准化工作中最重要的组成部分。其内涵就是企业在生产经营和全部管理过程中，要自觉贯彻执行国家和地区、部门的安全生产法律、法规、规程、规章和标准，并将这些内容细化，依据这些法律、法规、规程、规章和标准制定本企业安全生产方面的规章、制度、规程、标准、办法，并在企业生产经营管理工作的全过程、全方位、全天候地切实得到贯彻实施，使企业的安全生产工作得到不断加强并持续改进、使企业的本质安全水平不断得到提升，使企业的人、机、环始终处于和谐和保持在最好的安全状态下运行，进而保证和促进企业在安全的前提下健康快速的发展。

[法律提示]

2010年4月15日，国家安全生产监督管理总局发布了《企业安全生产标准化基本规范》安全生产行业标准，标准编号为AQ/T9006—2010，自2010年6月1日起实施。

55. 什么是生产作业“三违”？

（1）违章指挥

企业负责人和有关管理人员法制观念淡薄，缺乏安全生产知识，思想上存在侥幸心理，对国家、集体的财产和人民群众的生命安全不负责任。明知不符合安全生产有关条件，仍冒险指挥作业人员作业。

（2）违章作业

作业人员没有安全生产常识，不懂安全生产规章制度和操作规程。或者在知道基本安全生产知识的情况下，在作业过程中，违反安全生产规章制度和操作规程，不顾国家、集体的财产和他人、自己的生命安全，擅自作业，冒险蛮干。

（3）违反劳动纪律

上班时不知道劳动纪律，或者不遵守劳动纪律，违反劳动纪律进行冒险作业，造成不安全因素。

[相关链接]

“违章不一定出事（故），出事（故）必是违章！”这句话很好地诠释了事故与违章的关系。根据对全国每年上百万起事故原因进行的分析证明，95%以上是由于违章而导致的。违章是发生事故的起因，事故是违章导致的后果。

56. 班组生产中，“三违”发生的常见原因有哪些？

（1）侥幸心理

有一部分人在几次违章没发生事故后，慢慢滋生了侥幸心理，混淆了几次违章没发生事故的偶然性和长期违章迟早要发生事故的必然性。

（2）省能心理

人们嫌麻烦，图省事，降成本，总想以最小的代价取得最好的效果，甚至将工作量压缩到极限，降低了系统的可靠性。尤其是在生产任务紧迫和眼前既得利益的诱因下，极易产生安全生产事故。

（3）自我表现心理（或者叫逞能）

有的人自以为技术好、有经验，常满不在乎，虽说能预见到有危险，但是轻信能够避免，用冒险蛮干当做表现自己的技能。有的新人技术差、经验少，“初生牛犊不怕虎”，急于表现自己，以自己或他人的痛苦验证安全生产制度的重要作用，用鲜血和生命证实安全生产规程的科学性。

（4）从众心理

“别人做了没事，我福大、命大、造化大，肯定更没事。”尤其在一个安全秩序不好，管理混乱的场所，这种心理容易蔓延，严重威胁企业的生产安全。

（5）逆反心理

在人与人之间关系紧张的时候，人们常常产生这种心理。把同事的善意提醒不当回事，对领导的严格要求表现为口是心非，“气大于理，火烧掉情”，置安全规章于不顾，以致酿成事故。

[知识学习]

落实班组生产作业标准化，可以有效防治“三违”，进而控制安全生产事故的发生。

☛ 提高班组长安全生产素质

57. 班组长在企业安全生产管理中处于什么样的地位?

班组是最基层的生产组织，是实现安全生产的基础，因为班组是一个企业的细胞，是生产经营的最小单位，是生产经营任务的直接完成者。因此，能否将安全管理的有效性深入到班组的安全生产建设，是大幅度降低伤亡事故，实现安全生产的关键。

班组安全生产工作的好坏，直接影响着企业的安全生产和经济效益，而班组安全生产建设的成效，取决于班组长对安全生产的认识程度及所具备的安全生产技术知识水平和实际的组织协调能力。

[相关链接]

一个企业要发展，就需要安全；企业要安全，就离不开车间班组，离不开班组长的安全生产管理。在企业安全生产管理中，班组长起到了管理层与最基层从业人员之间的重要的桥梁纽带作用。

58. 班组长在安全生产工作中的重要作用是什么?

班组长作为班组的核心人物，既是班组生产活动的组织者，又是具体行动的参与者；既是指挥员又是战斗员，即所谓的兵头将尾。其不可代替的特殊身份决定了班组长的特殊地位和作用。作为企业生产的基本单位，班组长是班组安全、生产、质量、效益的“第一责任人”，对班组各项管理工作负有不可推卸的责任，又是企业各项管理制度的执行者和监督者，国家的安全生产方针政策、法规标准和企业的安全生产管理规定，最终都要由班组长来部署、落实。

班组长在上级的领导下，具体承担并组织、管理作业者共同完成安全生产任务。班组长与作业者既是危险、危害因素的承受者，又是危险、危害因素的直接控制者。所以，班组长在企业安全生产中具有十分重要的作用。只有充分发挥班组长在安全生产中的作用，将各项安全生产任务在班组中落实，形成强有力的群防群治安全网络，才能真正实现安全生产。

[相关链接]

班组安全管理既是一项系统工程，也是一项复杂的管理艺术，这就要求班组长要有一定的管理能力。班组长要做到对班组安全生产全员、全过程、全方位的安全管理，就要求班组长不仅要有较高的安全责任意识，还要有较全面的安全生产知识和技能，同时还要有一定的安全生产管理能力。班组长作为生

产活动的直接组织者和参与者，不仅要懂生产、懂技术，更要有高度的事业心和安全责任感。

班组长的行为对班组成员起到示范、表率作用。班组长时时、事事、处处为班组成员做出表率，对班组形成遵章守纪的良好的安全生产习惯和氛围，有重要作用。班组长如果只说不做，说话便没有号召力，班组成员便会出现工作马虎、应付的现象。

59. 班组长应该具备哪些个人素质?

班组长不仅要具备一定的管理素质，还应该提高自身德、智、体、能、绩等方面的素质。

作为一级管理者，班组长主要应具备并提高各方面的管理能力：

（1）见识。判断事物本质和预见生产状态发展的能力。

（2）人情。人际协调和人际沟通的能力。

（3）专业技术能力。班组长主要应提高技术方面的管理能力，因为班组长作为兵头将尾，首先要是业务尖子，行家里手，只有这样，说话才能有分量、有权威。

[相关链接]

班组长要提高自己的管理权威：对于员工做到办事公道、关心部下、及时指导；对于管理应做到目标明确、奖罚分明。除此之外还应提高自己在班组中的影响力，做到以德服众。

60. 班组长为什么要具备安全生产素质?

班组长在安全生产中发挥作用的大小，取决于自身的安全素质。班组长安全素质的高低直接决定着班组其他成员的安全素质，也决定着班组集体的安全氛围。如果班组长安全素质低下，安全意识不高，那么他在具体组织生产活动或参与活动的过程中，就不能对活动方案、生产作业环境和作业者的行为的安全性做出正确的判断，也不可能采取正确的安全防范措施，甚至自己带头违章指挥、违章作业，其后果是非常可怕的。

安全素质差的班组长不可能严格要求班组成员。班组集体的安全氛围不好，造成人员伤亡的概率就大，有的甚至直接对班组长造成伤害。

[血的教训]

某化工企业身为班组长的沈某在未进行动火审批的情况下，未系安全带进行登高动火作业，导致罐内聚集的氢气爆炸，冲击波将沈某从3米高的罐顶推下，头部撞在距平台半米高的反应釜观察孔的法兰上，当场死亡。

61. 班组长应该如何提高安全生产素质?

要做到对班组安全生产全员、全过程、全方位的管理，就要求班组长不仅要有较高的安全生产责任意识，还要有较全

面的安全生产知识和技能，同时还要有一定的安全生产管理能力。班组长作为生产活动的直接组织者和参与者，不仅要懂生产、懂技术，更要有高度的事业心和安全生产责任感。

班组长应着重从班组生产的特点考虑，从以下方面着手提高安全生产素质：

（1）班组管理最突出的特点就是直接针对一线生产工人，强调现场管理。

（2）班组作为一个整体，每一个职工的安全行为直接影响着班组的群体安全行为。

（3）要控制和减少安全生产事故，就必须将安全生产管理延伸到每一个职工，要建立、健全班组安全生产管理制度，强化现场安全生产管理，建立自保互保体系，控制、减少违章。

（4）班组作为一个集体，存在着领导与被领导、同事之间的分工与合作等关系。如果在思想和生活上能够互相关心和帮助，互相团结和睦，齐心协力，则会大大增强班组的凝集力和向心力。

所以，班组安全生产管理既是一项系统工程，也是一项复杂的管理艺术，这就要求班组长要有一定的管理能力。

[相关链接]

班组长应该就以下几个方面的安全生产职责，努力提高个人的安全生产素质：

（1）对本班组的安全生产工作负全面责任。

（2）带头及督促本班组认真执行安全生产政策、法规及本单位的各项安全规章制度，正确使用机器设备、工具、原材料、安全设施、个体防护用品等，并检查是否处于良好状态。

（3）经常检查并保持工作地点的文明生产，保持成品、半成品、材料及废物的合理放置，负责对分管的危险控制点实行控制管理。

（4）组织每周一次的安全活动，开好班前会，开展班组工前危险预知活动，制定安全措施，进行安全交底，组织班组职工制定“三不伤害”措施，并检查落实。

（5）有权拒绝上级的违章指挥和制止本班组人员违章操作，遇有事故险情时，有权立即指挥人员撤离现场。

（6）发生伤亡事故立即组织抢救、报告和保护现场，并如实提供事故发生的情况，参加轻伤事故的调查处理。

62. 班组长应该具备哪些重要的安全生产工作方法?

（1）从思想到行动，要坚持“管生产必须管安全”的原则。

（2）与安全员齐心协力组建“安全网”。

（3）要关心每一个班组成员。

（4）要发挥每个组员的特长。

（5）发扬民主，尊重组员，增加工作透明度。

（6）既要敢于坚持原则，不徇私情，又要有一定的灵活性。

[知识学习]

安全生产工作光靠班组长与班组安全员是根本无法完成的。有人曾把班组比喻为一张网，每一个班组成员都是这张网上的一个节点。对安全生产工作来说，要是网上的每一个节点都结实可靠的话，那这张网就可称为“安全网”。

63. 班组长如何做好员工的思想工作?

（1）运用激励方式挖掘员工潜能

要想让自己的员工充分地发挥自己的才干去努力工作，就要努力把员工“要我去做才去做”的思想变成“我要主动去做”。而能够实现这种转变最佳的方法就是不断激励自己的员工。

（2）热情倾听

经常会有员工认为自己的待遇不公等问题找到班组长去评理。这时，班组长要学会认真地倾听员工的倾诉。

（3）适当的幽默能提高管理效率

轻松、愉快的工作氛围更有助于工作的高效完成，幽默能够使工作的气氛变得轻松，使人感到亲切。

（4）积极对员工进行指导

为了能够顺利地开展日常生产工作，班组长还要能够给自己的员工传授必要的专业知识和技能，指出员工在生产过程中的不足之处，并且给他们提出改善的措施和建议。

（5）必须控制情绪

从某种意义上来讲，班组长的情绪已经不再是自己的私事了，它会直接影响到下属及其他部门的员工。

[知识学习]

谈心活动也叫做“心灵接触”，是班组长经常采用的工作方法。要使其产生预期的效果，谈话者首先要以诚相待，并应对谈话对象的性格特征、家庭状况、文化程度、爱好等有一个比较全面的了解。这种谈话如能抓住症结，晓之以理、动之以情、循循善诱，往往能起到良好的效果。

64. 新任班组长如何打开安全生产工作局面?

（1）要与职工融为一体

虽然大多数新任班组长出自基层，但并不是十分了解本班的安全生产状况，要想打开班组安全生产工作局面，必须争得班组全体成员的信任。

（2）勇挑重担，独当一面

融为一体是一种

手段，而独当一面才能充分展示才能。独当一面，有工作主动发挥才能的一面，但也有担当风险，承担责任的一面。直面困难，敢碰硬，成功地解决安全生产难题，是班组长应有的基本素质，对新任班组长来说尤为重要。

（3）投入精力，全力以赴

所谓全力以赴，就是要求新任班组长工作在班组，工作在岗位，不摆花架子，不做表面文章，而要把自己当做班组普通一员，踏踏实实地工作，把繁荣企业经济、确保企业安全生产作为自己最大的追求。

[相关链接]

新任班组长有“三忌”：

一忌急于求成。任何事情都有个过程，安全生产工作也是如此，要遵循安全生产规律，去打开安全生产工作局面。

二忌脱离职工。依靠职工是搞好班组安全生产工作的法宝，群策群力是班组安全生产的依靠。

三忌不推不动。有些新任班组长小心谨慎，怕这怕那，安全生产工作主动性不强，被动应付，不推不动，这种现象必须克服。

组织班组安全生产教育

65. 班组安全生产教育的方法有哪些？

（1）班组安全生产教育，首先要抓好动态教育，班组长要随时掌握班组成员的思想状态，对能够影响职工思想波动的各种因素要在自己力所能及的范围内及时消除，根据现状相应安排不同的工作，控制因思想波动而导致操作失误事故的发生。

（2）要抓好岗位教育，特别是抓好新工人上岗和工人变岗后的教育。

（3）要抓好安全生产技能教育和自我防范意识的教育，充分利用班前会、班后会、安全生产活动日进行思想教育，同时在作业现场让有经验的职工进行实地操作。

（4）结合事故案例开展直观的安全生产教育。通过分析事故案例，找出发生事故的原因，使班组成员真正明白制定规程的依据是什么，以及不按规程操作会造成什么样的危害，消除职工存在的侥幸心理，从而促使其在工作中按规章作业。

[相关链接]

班组安全教育手段力求多样化、形式新颖、有创造性和针对性，如采取安全生产演讲会、研讨会、座谈会、知识竞赛、班前会、安全生产活动日、安全生产展览、黑板报等形式进行长期的、有针对性的宣传教育，大力营造浓厚的安全生产教育氛围。

[法律提示]

《安全生产法》第二十五条规定："生产经营单位应当对从业人员进行安全生产教育和培训，保证从业人员具备必要的安全生产知识，熟悉有关的安全生产规章制度和安全操作规程，掌握本岗位的安全操作技能，了解事故应急处理措施，知悉自身在安全生产方面的权利和义务。未经安全生产教育和培训合格的从业人员，不得上岗作业。"

66. 班组安全生产教育包括哪些内容?

（1）思想政治教育

思想政治教育通常包括思想教育和法纪教育两个方面。思想教育主要是提高广大员工对安全生产重要意义的认识，正确处理安全和生产的关系，自觉搞好安全生产。法纪教育是思想政治教育的又一个重要方面，它主要是让广大干部和群众懂得严格执行安全生产法规和劳动纪律对实现安全生产的重要性。

（2）安全生产方针和政策教育

安全生产方针和政策教育，是思想政治教育的另一方面，是指学习党和国家的安全生产方针和政策。

（3）安全生产技术知识教育

安全生产技术知识教育包括一般生产技术知识、一般安全生产技术知识和专业安全生产技术知识的教育。

（4）典型经验和事故教育

在安全生产教育中结合事故教训进行教育，可以使员工从事故中吸取教训、总结经验、改进工作，从而做到自觉地实现安全生产和文明生产。

要做好班组安全生产教育工作，还应针对青年工人的特点，学习青年人心理知识，研究青年工人的心理特点，有的放矢地做好他们的安全生产教育工作。

[相关链接]

安全教育具有政策性、群众性、知识性和持久性的特点。

政策性表现在：安全教育必须坚持安全生产的方针政策，坚持社会主义市场经济条件下维护工人阶级利益，贯彻党和国家的各项重大安全生产决策，并以国家有关法规、标准为依据，通过安全教育，提高企业全体职工，特别是企业各级领导者的政策水平。

群众性表现在：企业安全教育的对象是全体职工，包括各级领导和从事不同工作的每一个职工。只有全体职工都能受到良好的教育，才能提高企业的整体安全素质。对任何角落的疏忽都可能导致事故。同时，每一次安全教育都要有明确的针对性，使受教育职工能够掌握必要的安全知识。

知识性表现在：安全教育的内容极其广泛，既包含社会科学的有关内容，如安全经济学、安全法学、安全管理学等有关理论、方法，又包括自然科学的相关内容，如安全工程技术、职业卫生等丰富的知识，还包括各种生产作业的安全技能，如安全操作技能，事故的预防、预控、紧急处理和急救、自救等

具体能力。

持久性主要针对的是人们安全思想、观念、行为的反复性，为了巩固和强化安全观念和动机，必须坚持持久的安全教育。另外，随着安全法规标准及安全技术的不断增多和更新，也要求安全教育必须深入持久地开展下去，起到警钟长鸣的作用。

67. 常用的班组安全生产教育形式有哪些？

（1）三级安全教育。

（2）对特种作业人员的培训教育。

（3）经常性的安全生产教育。

（4）“四新”“复工”“调岗”人员的安全生产教育。

[知识学习]

“四新”安全生产教育，是指凡是采用新技术、新工艺、新材料，试制新产品的班组必须做好从事该作业的安全生产技术知识教育。在未掌握基本性能和安全生产知识前不准单独操作。

“复工”安全生产教育，主要是针对离开操作岗位较长时间的工人进行的安全生产教育。一般因各种假期离开操作岗位一个月以上者，都要由班组长或安全员对其进行“复工”安全生产教育，接受“复工”教育的工人，由班组出具“复工通知单”交给“复工”者，工段、班组接到本人送交的“复工通知单”后，方可安排其工作。

“调岗”安全生产教育，工人在本班组临时性调动工种（或岗位）和由甲单位调到乙单位临时帮助工作，由接收班组进行所担任工种的安全生产教育。

68. 什么是“三级安全教育”？

“三级安全教育”是指新入厂职员、工人的厂级安全教育、车间级安全教育和岗位（工段、班组）三个级别的安全生产教育，是厂矿企业安全生产教育制度的基本形式。

（1）厂级安全教育

厂级安全教育由厂安全技术部门会同教育部门组织进行。主要教育内容是：党和国家安全生产方针、政策及主要法规标准，各项安全生产规章制度及劳动纪律，企业危险作业场所安全要求及有关防灾救护知识，典型事故案例介绍，伤亡事故报告处理及要求，个体防护用品的作用和使用要求及其他有关应知应会的安全内容。

（2）车间安全教育

车间安全教育由车间主任会同车间安全技术人员进行。主要教育内容是：本车间生产性质、特点及基本安全要求，生产工艺流程、危险部位及有关防灾救护知识，车间安全管理制度和劳动纪律，同类车间伤害事故介绍。

（3）班组安全教育

班组安全教育由班组长会同安全员及带班师傅进行。主要教育内容是：班组工作任务、性质及基本安全要求，有关设备、设施的性能、安全特点及防护装置的作用与要求，岗位安全生产责任制度和安全操作规程，事故隐患或发生事故时的紧

急处置措施，同类岗位伤亡事故及职业危害介绍，有关个体防护用品使用要求及保管知识，工作场所清洁卫生要求，其他应知应会的安全内容。

三级安全教育制度是企业安全教育的基本教育制度。法律规定企业必须对新工人进行安全生产的入厂教育、车间教育、班组教育；对调换新工种，采取新技术、新工艺、新设备、新材料的工人，必须进行新岗位、新操作方法的安全生产教育。受教育者，经考试合格后，方可上岗操作。

[相关链接]

通过三级教育，使新工人或调动工作的工人从进厂起，就牢固地树立安全生产观念，熟悉安全操作规则，这对保证安全生产起到重要作用。

69. 厂级安全生产教育的内容有哪些?

（1）讲解党和国家有关安全生产的方针、政策、法规及有关本行业生产、建设的规程、规定，讲解安全生产的意义、任务、内容及基本要求，使新入厂人员树立“安全第一，预防为主”和“安全生产，人人有责”的思想。

（2）介绍本企

业的安全生产情况，包括企业发展史（含企业安全生产发展史）、企业生产特点、企业设备分布情况（着重介绍特种设备的性能、作用、分布和注意事项）、主要危险及要害部位，介绍一般安全生产知识和电气、起重及机械方面安全知识，介绍企业的安全生产组织机构及企业的主要安全生产规章制度等。

（3）介绍企业安全生产的经验和教训，结合企业和同行业常见事故案例进行剖析讲解，阐明伤亡事故的原因及事故处理程序等。

（4）提出希望和要求。如要求受教育人员要按《职工守则》和企业职工奖惩条例积极工作；要树立“安全第一，预防为主”的思想；在生产劳动过程中努力学习安全技术、操作规程，经常参加安全生产经验交流和事故分析活动及安全生产检查活动；要遵守操作规程和劳动纪律，不擅自离开工作岗位，不违章作业，不随便出入危险区域及要害部位；要注意劳逸结合，正确使用劳动保护用品等。

[相关链接]

新入厂人员必须百分之百进行安全生产教育，教育后要进行考试，成绩不及格者要重新教育，直至合格，并填写《职工三级教育卡》，厂级安全生产教育时间一般为8小时。

70. 车间级安全生产教育内容有哪些?

（1）介绍本车间生产特点、性质，例如：车间的生产方式及工艺流程；车间人员结构，安全生产组织及活动情况；车间主要工种及作业中的专业安全要求；车间危险区域、特种作业场所，有毒、有害岗位情况；车间安全生产规章制度和劳动保护用品穿戴要求及注意事项；车间事故多发部位、原因，及相应的特殊规定和安全要求；车间常见事故和对典型事故案例的剖析；车间安全生产、文明生产的经验与问题等。

（2）根据车间的特点介绍安全生产技术基础知识。

（3）介绍消防安全知识。

（4）介绍车间安全生产和文明生产制度。

[相关链接]

各车间有不同的生产特点和不同的要害部位、危险区域和设备，因此，在进行本级安全教育时，应根据各自情况，详细讲解。

车间级安全教育由车间行政一把手和安监人员负责，一般授课时间为4~8小时。

71. 班组级安全生产教育内容有哪些？

（1）介绍本班组生产概况、特点、范围、作业环境、设备状况，消防设施等。重点介绍可能发生伤害事故的各种危险因素和危险部位，可用一些典型事故实例去剖析讲解。

（2）讲解本岗位使用的机械设备、工器具的性能，防护装置的作用和使用方法；讲解本工种安全操作规程和岗位责任及有关安全注意事项，使学员真正从

思想上重视安全生产，自觉遵守安全操作规程，做到不违章作业，爱护和正确使用机器设备、工具等；介绍班组安全生产活动内容及作业场所的安全检查和交接班制度；教育学员发现了事故隐患或发生了事故，应及时报告领导或有关人员，并学会如何紧急处理险情。

（3）讲解正确使用劳动保护用品及其保管方法和文明生产的要求。

（4）实际安全操作示范，重点讲解安全操作要领，边示范、边讲解，说明注意事项，并讲述哪些操作是危险的、是违反操作规程的，使学员懂得违章将会造成的严重后果。

[法律提示]

《安全生产法》第二十五条规定："生产经营单位应当对从业人员进行安全生产教育和培训，保证从业人员具备必要的安全生产知识，熟悉有关的安全生产规章制度和安全操作规程，掌握本岗位的安全操作技能，了解事故应急处理措施，知悉自身在安全生产方面的权利和义务。未经安全生产教育和培训合格的从业人员，不得上岗作业。生产经营单位使用被派遣劳动者的，应当将被派遣劳动者纳入本单位从业人员统一管理，对被派遣劳动者进行岗位安全操作规程和安全操作技能的教育和培训。劳务派遣单位应当对被派遣劳动者进行必要的安全生产教育和培训。生产经营单位接收中等职业学校、高等学校学生实习的，应当对实习学生进行相应的安全生产教育和培训，提供必要的劳动防护用品。学校应当协助生产经营单位对实习学生进行安全生产教育和培训。生产经营单位应当建立安全生产教育和培训档案，如实记录安全生产教育和培训的时间、内容、参加人员以及考核结果等情况。"

第二十六条规定："生产经营单位采用新工艺、新技术、新材料或者使用新设备，必须了解、掌握其安全技术特性，采取有效的安全防护措施，并对从业人员进行专门的安全生产教育和培训。"

72. 班组日常安全生产教育内容有哪些？

班组日常性安全生产教育方法主要有安全生产周、安全生产活动日、安全生产会议、班前班后会、讲座、座谈、现场事故分析会、安全生产教育会、安全生产知识竞赛等。

开展经常性的安全生产教育，应注意掌握事故发生规律，把事故消灭在萌芽状态。如老员工有生产经验，容易产生麻痹思想；新员工缺乏安全生产知识，容易冒险作业；节假日前后，有的员工思想不集中，容易发生事故；掀起生产高潮时，月末、季末、年末抢任务，容易忽视安全等。可及时地开展针对性的安全教育，取得安全生产的主动权。

[相关链接]

班组安全教育的形式主要有：对新工人进行班组级安全教育；针对班组成员的思想动态，结合典型事例、工伤案例、岗位安全操作规程，开展经常性安全教育；针对班组采用新工艺、新技术、新材料、新设备的情况，开展新操作方法的安全教育；针对岗位的工艺要求，进行各种岗位安全操作技能训练。班组安全教育要力求生动活泼，多种多样，贴近实际，这样才能收到良好的教育效果。

班组安全教育的方法主要有：

（1）抓好“关键人物”的安全教育。所谓“关键人物”，一是指新工人或转岗工人，二是指性格比较散漫的人员，三是指性格急躁、粗心大意的人员。

（2）根据事故发生的规律进行针对性安全教育。如老职工有生产经验，容易思想麻痹；新职工缺乏安全生产知识，容易冒险作业；节假日前后，有的职工思想不集中，容易发生事故；生产或检修任务紧张时；往往抢时间，容易忽视安全等。

（3）要注意教育艺术，切忌空泛说教，要努力把它贯穿于直观、生动、具有感染力的活动之中。

[知识学习]

班组日常安全生产教育形式多样，但是不主张全部以理论授课式学习，应该以灵活、丰富多彩、易于接受为目标。

73. 法律、法规对特殊工种作业人员的教育培训有什么具体要求?

特种作业，是指容易发生事故，对操作者本人、他人的安全健康及设备、设施的安全可能造成重大危害的作业。特种作业的范围由特种作业目录规定。特种作业人员，是指直接从事特种作业的从业人员。

因为特殊工种作业与企业的安全生产有密切相关的联系，

因此，企业必须从法律的角度上严格执行国家有关特种作业人员的培训、考核、复审的规定。《特种作业人员安全技术培训考核管理规定》（国家安全生产监督管理总局令第30号）明确了特种作业人员应具备相关的条件，同时也对教育培训做了明确的规定。

在培训时，可由企业自行培训，或由企业主管部门组织培训，也可由考核、发证部门或指定的单位培训。根据现行的特种作业安全技术考核办法和有关规定决定，一般由发证部门制定考核内容，考核分为安全技术理论和实际操作两部分。

考核不合格者，可进行补考；补考仍不合格者，须重新培训。

取得操作证的特种作业人员，必须定期进行复审；复审期限，除机动车辆驾驶按国家有关规定执行外，其他特种作业人员两年进行一次。企业安全生产管理部门应建立特种作业人员档案，组织好复审期满的人员到指定地点复训审证，复审由考核发证部门或其指定的单位进行。

[法律提示]

《安全生产法》第二十七条规定：“生产经营单位的特种作业人员必须按照国家有关规定经专门的安全作业培训，取得相应资格，方可上岗作业。特种作业人员的范围由国务院安全生产监督管理部门会同国务院有关部门确定。”

《特种作业人员安全技术培训考核管理规定》已经2010年4月26日国家安全生产监督管理总局局长办公会议审议通过，2010年5月24日国家安全生产监督管理总局令第30号予以公布，自2010年7月1日起施行。1999年7月12日原国家经济贸易委员会发布的《特种作业人员安全技术培训考核管理办法》同时废止。

开展安全生产活动

74. 什么是安全操作确认制？

作业人员安全操作确认制是企业以及班组安全管理的一项重要内容，其概念是：在班组作业前或者作业人员操作前，对设备、设施及现场环境的安全可靠程度进行确认的制度。

[相关链接]

安全操作确认制的作用有：

（1）先“确”后“做”

即职工作业前对自己操作的设备、周围环境等进行确认，经过确认符合安全生产条件方可作业。先“确”后“做”可防止因疏忽、麻痹大意等造成的事故。

（2）确认制使规程具体化，但又不代替规程

安全操作规程因工种、工艺不同而异，有简有繁，而安全操作确认制不论工艺的简繁均以简练的文字有重点、不漏项地将安全操作规程具体化，便于操作人员作业，是落实安全操作规程的有力手段。

（3）确认制培养良好的作业习惯

确认制的贯彻促使职工按程序遵章作业，为推行标准化打下良好的基础，培养了职工自觉遵守作业要求的良好习惯。

75. 安全操作确认制的内容主要有哪些？

（1）对人的确认

分析掌握操作者的思想情绪、精神状态、身体素质、技术素质等，根据多种因素确定不安全行为人，采取联防联保、互帮互保等监护措施，保证不发生人为的事故。

（2）对工具、设备的确认

操作者在作业前对所使用的工具、设备的重要危险部位、易损部位和安全装置进行认真的检查，发现隐患提前采取措施解决，避免发生设备、人身事故。

（3）对环境场所的确认

熟悉工作环境，检查工作场所是否有不安全因素，防患于未然。

[相关链接]

在生产实践中，大量的事实足以证明，安全操作确认制确实能够避免许多事故的发生。

76. 如何制定安全操作确认制?

安全操作确认制的制定主要包括四个步骤：

（1）要使作业者明确其岗位的生产工艺与上、下道工序之间的相互联系，根据工艺、技术、安全的要求，懂得应该做什么、怎么做、做到什么程度。

（2）根据生产工艺、安全作业的要求编排出操作顺序，然后制定操作规程和完整的操作规程规范。

（3）确认制制定之后，在班组试行听取有经验的操作人员的意见；也可以自下而上由班组制定，上下结合，反复修订，使之完善。

（4）确认制的贯彻要取得职工的理解。要通过安全生产宣传教育，使职工从思想上明确确认制的意义和作用，理解安全确认制与安全操作规程之间的关系，达到在理解的基础上自觉地贯彻执行确认制。

[知识学习]

抚顺钢厂在生产过程中，积极推行安全操作确认制，加强生产班组和作业人员对现场环境的确认控制，其基本要求就是要做到物放有序、定置定位，保证操作环境整洁，预防摔伤、坠落事故的发生。例如，轧钢分厂前部精整白班班长黄××，班前确认检查发现顶钢机机头附近漏电，即指令工人立即停止使用，待找来电工接好线头才让使用。锻钢分厂钳工一班，在对设备系统确认控制检查时，发现锻锤在换锤头和拉杆时存在缺陷，直接危及锤部工人的安全，并确认这种方法是冒险作业。于是，他们用三天时间研究改进了操作方法，受到锤部工人的称赞。

77. 什么是安全生产联保互保制?

所谓“联保互保”，就是指在工厂车间中，两个人在工作中如果彼此可以看得见，一个人出了安全问题，另外一个人也要承担责任接受处罚；下一级员工出了问题，上一级主管也要承担责任接受处罚；联保互保虽然不是什么复杂的制度，但却极大地增强了员工对于彼此安全的关注度与责任感。

[知识学习]

2001年的一天，某生产班组一位短期合同工早班未到岗，互保员发现后及时告诉身为联保员的带班长，带班长随即向组长进行了反映。组长考虑到这位短期合同工住的是农村的租赁房，先前在走访时发现其使用煤球炉取暖，就立即派三名员工前往他的租住房查看，果然发现他已煤气中毒。前来查看的三人迅速破门而入，并采取措施紧急施救，终将其从死亡线上拉了回来。

78. 安全生产联保互保制的内容主要有哪些?

（1）两人或三人结成安全互保对子。

（2）班组长每班将各互保对子人员名牌挂在互保牌上。

（3）各互保对子应严格履行互保职责，

互相检查、关照、保证遵章守纪，杜绝发生事故。

（4）互保对子的一方违章违纪，发生事故，另一方将受同等处罚。

（5）班组长在生产中，要严格检查执行情况，若发现未严格履行职责，按违纪处理。

[相关链接]

一般来说，值班长、班组长是本班组安全互保活动的第一责任人、直接组织者，并与工会小组长、班组安全员、技术员一起形成互保活动的核心。

79. 安全生产联保互保制如何制定?

（1）互相督促

参加每周一次的安全生产活动和每天的班前、班后会，熟记有关安全生产规定，提高安全生产意识和自我防范能力。

（2）互相监督

严格执行职工安全准则、岗位安全操作规程或岗位标准、交接班制度等各项安全制度。

（3）互相检查

正确使用并爱护机器设备、工具、安全设施及个体防护用品，保持工作地点的文明生产，提醒对方安全注意事项，随时纠正对方违章、违纪现象，保证双方无违章、无事故。

[相关链接]

联保互保对子可以固定也可以临时，除规定允许的单人作业外，作业时联保互保的双方必须同时作业。固定联保互保人员因停机、检修或被安排临时任务时，可按临时联保互保执行。

80. 什么是班组“三不伤害”活动?

“三不伤害”是指“不伤害自己，不伤害他人，不被他人伤害”。

有的放矢地开展“三不伤害”活动，是避免事故，保护人身安全的有效举措。开展该项活动可以从以下几个方面着手：

（1）思想动员。

（2）每人填写

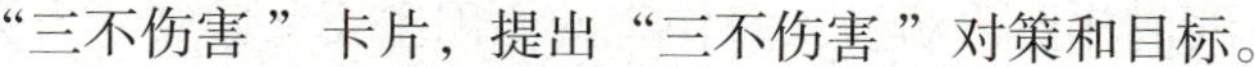
“三不伤害”卡片，提出“三不伤害”对策和目标。

（3）经常对照、检查和交流。

（4）年度评比、总结、考核和表彰。班组长要身体力行投入到“三不伤害”活动中去，为组员做出表率，并脚踏实地将该项活动坚持下去。

[知识学习]

“三不伤害”活动最初起源于马鞍山钢铁集团公司（以下简称“马钢”）。马钢是我国特大型钢铁企业之一，也是一家老企业，有 10万多名职工，近 50个二级厂矿。就安全生产工作而言，其面临的难度很大。从 1989 年 5 月开始，一项群众性的，以“三不伤害”为中心内容的安全生产自主管理活动在马

钢各厂矿的基础工段、生产班组蓬勃兴起。这项活动的开展，使群体安全生产意识普遍增强，职工的个人防护能力明显提高，对治理整顿安全生产秩序和环境、控制与减少工伤事故发生、促进生产经营顺利进行都起到一定的积极作用。

81. 班组“三不伤害”活动的原理是什么？

从理论上看，开展“三不伤害”活动也符合伤亡事故成因机理。事故成因的“轨迹交叉论”揭示，伤亡事故的发生是人的不安全行为与物的不安全状态两大系列要素运动轨迹交叉、能量逆流于人体的结果。其轨迹交叉的“时空”就是发生事故的时间和地点。如果超前采取措施，对人的不安全行为或物的不安全状态予以控制或消除，使人、物在发展过程中中断，防止运动轨迹交叉，那么，伤亡事故就可以避免。而开展“三不伤害”活动的目的就在于控制人的不安全行为产生。

从实践上看，在企业的生产作业中，绝大多数人身伤害发生在生产一线的作业班组。人身伤害的原因主要又归结于人为失误。继续溯源，尽管深层次原因各不相同，但就其结果而言却不外乎如下三种情况：因自己失误而伤害自己，因自己失误而伤害别人，因别人失误导致自己受伤害。进行综合归类，不难发现，凡发生人身伤害事故的均与“自己”有很大关系。

[相关链接]

开展“三不伤害”活动的主要意义在于：

（1）激发了职工搞好安全生产的积极性

“三不伤害”活动以“我”为出发点，又以“我”为归宿，容易使职工进入角色，也更能诱发职工参与这项活动的自觉性和自主性。根据以往教训，过多采用行政命令，职工容易产生逆反心理，引起副作用。“三不伤害”这种提法具有吸引力和易被职工接受的特征，注重循循善诱，启发引导，竞赛评比，去激发职工的思想共鸣。这一活动突出了一个“我”字，它符合人们普遍心理的愿望。

（2）提高了企业职工自我和群体防护意识和能力

现代化大生产技术装备复杂，劳动分工细密，并且以人为核心而构成的人—机—环系统中，人的行为是否安全化，主要取决于生理、心理因素及技术能力，而技术能力尤为重要，技术能力包括知识的掌握和实践经验的积累。例如钢铁企业青年职工比例大，约占65%，而生产一线比例更大，青年职工技术素质差，自我防护能力弱，严重影响安全生产，开展“三不伤害”活动，通过查“三害”原因，订“三防”对策，一是熟悉和掌握了本岗位的危害因素；二是激励学习“三规三制”的主动性；三是能汲取以往的事故经验教训，增长了知识，提高了自我防护能力。由于人人参与，个个思考、联想，立足本岗位系统考虑，从实际出发，自问自答，自查自评，规范思维方法，增强了群体安全意识和防护能力。

（3）进一步推动了班组安全建设

据大量事故分析，90%以上的事故发生在班组，80%以上的事故是由于违章指挥、违章作业等人为因素造成的。因此，在现有的条件下，加强班组建设是企业加强安全生产的关键，也是减少伤亡事故和各类灾害事故最切实、最有效的办法。

82. 班组“三不伤害”活动有哪些具体内容？

“三不伤害”活动以人员操作行为为对象，以“我”为主线，以岗位工程程序化、行为规范化、操作标准化为主要内容，以无事故为目标，在生产（施工）中处理好安全生产活动

中“我、你、他”的关系。“三不伤害”的核心是制定岗位“三不伤害”防护卡，做到“我”所在岗位上使用的机器、工具、物品、材料，以及他人的机器、设施、工具等都不能对自己构成伤害。同时，也不因自己而伤害“你”和“他”，从而将“我岗位”和“你岗位”“他岗位”之间安全诸因素统筹考虑，综合于“三不伤害”防护卡之中，形成了互相联系、互相保证、环环相扣的网络，以确保“我、你、他”的安全生产。

[相关链接]

开展“三不伤害”活动的动力，主要来源于安全生产工作实践。在企业的生产作业中，绝大多数人身伤害发生在生产一线的作业班组。人身伤害的原因，主要又属于人为失误造成。总结多起事故血的教训告诉大家，预防人身伤害事故发生，必须有针对性地采取措施，人人立足于“我”，都从自己做起。基于以上认识，提出开展“三不伤害”活动，既是多年安全工作实践经验的科学总结，又是工伤事故人员生命与鲜血的结晶。

83. 什么是习惯性违章?

习惯性违章是固守旧有的不良作业传统和工作习惯，违反有关规章制度、操作规程、操作方法进行工作，不论是否造成后果，统称为习惯性违章。

习惯性违章按其性质可以分为以下三类：

（1）作业性违章

职工工作中的行为违反规章制度或其他有关规定，称作业性违章。如进入生产场所不戴或未戴好安全帽、高处作业不系安全带；操作前不认真核对设备的名称、编号和应处的位置，操作后不仔细检查设备状态、仪表指示；未得到工作负责人许可就擅自工作；热力设备检修时不泄压、转动设备检修时不按规定分别挂警告牌等。

（2）装置性违章

设备、设施、工作现场作业条件不符合安全规程、规章制度和其他有关规定，称装置性违章。如厂区道路、厂房通道无标识牌、警告牌，设备无标识牌，井、坑、孔、洞的盖板、围栏、遮栏没有或不齐全，电缆不封堵，照明不符合要求，转动机械没有防护罩等。

（3）指挥性违章

指挥性违章是指各级领导、工作负责人，违反领导安全卫生法规，安全操作规程、安全管理制度，以及为保证人身、设备安全而制定的安全组织措施和安全技术措施的违章指挥行为。

[相关链接]

统计表明，习惯性违章作业、违章指挥是造成人身伤亡事

故和误操作事故的主要原因。违章作业原因可按如下分类：

（1）主观心理因素造成的习惯性违章

主观心理因素造成的习惯性违章，主要有这样一些情况：一是因循守旧，麻痹侥幸；二是马虎敷衍，贪图省事；三是自我表现，逞能好强；四是玩世不恭，逆反心理。

（2）客观因素造成的习惯性违章

客观心理因素造成的习惯性违章，主要有这样一些情况：一是操作技能不熟练。由于培训教育不够，操作者没有掌握正确的操作程序，对设备性能、状况、操作规程不熟悉，不能根据指示仪器仪表所反映的信息对设备运行状况进行调整。二是制度不完善。作业标准和规章制度不完善，使员工无章可循，无法可依。三是安全监督不够。对一些习惯性违章现象熟视无睹，对一些严重违章现象存在漏查或查处力度不够的情况，特别是在生产任务重、时间紧的情况下，一味强调按时完成生产任务，从而使部分职工滋生了忽视安全的习惯和心态。

84. 班组反习惯性违章活动的注意事项有哪些?

（1）需要长期坚持

由于习惯性违章具有顽固性的特点，所以反违章活动是一项长期而艰巨的工作，不可能一蹴而就。只有常抓不懈，才会取得显著的效果。

（2）要根据不同职工的特点，因人施教

习惯性违章大都发生在这样几种人身上：新入厂的职工，由于不知违章作业的危害，往往放松对自己的约束；有一定工作经验的老职工，习惯凭老经验办事；胆大心粗的职工，往往不计后果，不听劝阻；法律观念不强的职工，明知故犯，知错不改。这就要求班组长有针对性地开展工作，相应地多做个别人的工作。

（3）必须综合治理

开展标准化作业、坚持安全生产检查、采用高科技手段等都有助于预防因习惯性违章而引起的事故。

[相关链接]

由于习惯性违章相对来说是根深蒂固的，某些职工甚至没有意识到其错误所在，因而纠正起来有一定的难度，这就要求班组长要首先带头纠正自己的违章行为。很难想象自己不遵守安全生产规则，却去批评指正他人，这样怎能被他人接受呢？再者，随着机械化程度的提高、生产规模的扩大，一个不负责任的行为往往会造成整条生产线生产的瘫痪，其后果十分严重。因此，班组长在日常工作中要经常进行安全生产方面的宣传教育，发现习惯性违章或不按规章制度办事的行为，必须立即指出，责令其纠正。如果班组长不能照章办事，甚至参与违章，则迟早会导致事故的发生，并负有不可推卸的责任。

85. 班组反习惯性违章活动有哪些具体内容？

反习惯性违章活动的主要目的是杜绝人身死亡、重伤和误操作事故的发生，大幅度地减少轻伤事故，要从挖掘不安全的

苗头着手，抓异常、抓未遂。对生产班组而言，重点是根据本班组的具体情况，防止各种伤害事故的发生和误操作事故。

（1）引导职工认识习惯性违章的危害

习惯性违章是表现形式，而支配它的思想根源是多种多样的。如麻痹思想，重视一般情况，而忽视特殊情况。如安全规程规定，停电作业时，必须先验电，后作业。有的员工则认为是多此一举。一般情况下，停电作业的对象是不会带电的，但如果由于种种原因未拉闸，这种特殊情况一旦出现，后果将不堪设想。另一种思想根源是怕麻烦，图省事，把本应该履行的程序减掉了。如巡回检查，不按规定的检查线路和项目进行，走马观花。在反习惯性违章活动中，只有让职工从事故教训中深刻认识习惯性违章的危害和后果，根除习惯性违章的思想根源，才能自觉地遵章守纪。

（2）排查习惯性违章行为，制定反习惯性违章措施

首先，对本班组存在的习惯性违章行为，进行认真细致排查。要防止走过场、应付上级检查的情况。例如有的班组虽然制定了反习惯性违章行为的规定，并且形成文字张贴起来，但是班组却没有认真结合自身的问题进行排查；有的班组甚至不知道哪些行为属于习惯性违章行为。其次，要吸取其他企业、其他班组的事故教训，排查本班组有无类似习惯性违章现象。在此基础上，制定出有效的反习惯性违章措施。

（3）班组长起好模范带头作用

由于习惯性违章是根深蒂固的，某些职工甚至没有意识到其错误所在，因此纠正起来有一定的难度，这就要求班组长首先带头纠正自己的违章行为。很难设想自己不遵守安全规则，却去批评指正他人，能被别人接受。再者，随着机械化程度的提高，生产规模的扩大，一个不负责任的行为往往会造成整条

生产线生产的瘫痪，其后果十分严重。因此，班组长在日常工作中要经常进行劳动安全卫生方面的宣传教育，发现习惯性违章或不按规章制度办事的行为，必须立即指出、责令其纠正，如果班组长不能照章办事，甚至参与违章，则迟早会导致事故的发生，并负有不可推卸的责任。

（4）对习惯性违章严格考核

习惯性违章往往是屡教不改、屡禁不止的行为，它与偶尔发生的违章行为是不同的。对屡禁屡犯者，应该“小题大做”，从重处罚。处罚是保障安全规章制度实施，建立安全生产秩序的重要手段。如果人人都对习惯性违章望而生畏，那么何愁这种现象得不到制止。

86. 班组反“三违”活动有哪些具体内容?

（1）建立判别标准，查“三违”根源

解决“三违”，首先要消除产生“三违”的土壤。隐患排查自查阶段，要动员全体职工全面细致地识别本部门、本岗位存在的“三违”现象和行为，组织有关专业人员对这些现象和行为进行分析、评价，提出对策措施，再经过分类、汇总、整理，找到“三违”深层原因。

（2）追究不作为责任，抓层层监管

各级安全生产监督管理部门要对发现

的“三违”现象进行责任倒推。对安全生产监督管理不履职、“不作为”的查处作为监督检查工作的重点，发现一次，教育一次，查处一次，并记录在案。对不能严格执行制度和规程的管理者要加大打击力度，一要处罚、二要撤职。隐患排查过程中要将“三违”行为作为安全事故隐患来对待，要认真落实“四不放过”原则。

（3）完善教育和惩处机制，杜绝“三违”现象

要根据具体的“三违”行为的性质、内容、后果程度等建立“三违”教育和惩处机制。对性质较轻的“三违”现象，坚持先尊重后批评、先教育后惩处的人性化监管原则。对屡纠屡犯和部分危险岗位、关键岗位可能或造成重大事故的“三违”现象，要发现一起，严厉查处一起，并通过离岗培训、调离岗位直至解除合同等形式，建立违章“红线”，逐步减少和消除“三违”行为。同时，要积极探索奖励机制，培养职工实现自我约束、自我防范目的。

[相关链接]

现场是生产的场所，是职工生产活动与安全活动交织的地方，也是发生“三违”、出现伤亡事故的源地，狠抓现场安全管理尤为重要。

抓好现场安全管理，安监人员要经常深入现场，在第一线查“三违”疏而不漏，纠违章铁面无私，抓防范举一反三，搞管理新招迭出，居安思危，防患于未然，把各类事故消灭在萌芽状态，确保安全生产顺利进行。

87. 如何开展班组安全生产日活动?

班组安全生产日活动是组员之间交流思想感情，增长知

识，统一认识，搞好班组安全生产的一个重要活动。该活动一般每周举行一次，要有记录，要作考核，不能做假账，不流于形式。

要使班组安全日活动不流于形式，就要使安全日活动内容丰富新颖，形式多样。

对学习内容来说，可学习有关安全生产法规、政策，本企业的安全生产文件；进行本班组的危险辨识；也可搞安全技术知识小测验；安全操作规程学习；警告牌安全标志及信号的使用与识别；整改项目的对策探讨；安全生产技术难题攻关；安全生产合理化建议；“要我安全”还是“我要安全”；如何争当安全生产合格班组的讨论等。

对形式来说，可以是会议式，也可以是讨论式、轮流主持学习式、考试式、展览式、电化教育式等。

[相关链接]

要组织好安全日活动，班组长应做到：

事先有准备，学习有内容，活动前与工段（车间）联系，及时传达上级的文件和安全生产信息；结合班组实际情况讲安全生产工作重点，总结上周安全生产经验教训，布置下周安全生产工作及重点注意事项，并确定安全生产负责人，对存在的安全生产问题，要认真进行分析研究，找出原因和根本，采取

开展安全生产活动相应的措施杜绝再次发生。

88. 什么是危险预知活动?

对班组长来说，危险预知活动就是指对安全生产事故隐患的预测，对事故的预防，对每天开工前的安全生产情况做到一清二楚。危险预知活动是在班组长主持下进行的群众性的危险预测、预防活动，通过研究人的不安全行为，分析事故发生机理，从而制定针对个人的危险预防措施。该活动是控制人为失误，提高职工安全意识和安全生产技能，落实安全技术操作规程，进行岗位安全生产教育，实现“三不伤害”的重要手段，适用于程序性不强、一般性的作业。危险预知活动包括危险预知训练和“工前五分钟活动”两个步骤。

[相关链接]

开展危险预知活动要遵照六项原则：

（1）消除原则

即通过合理的计划、组织和操作，从根本上消除物、机、环境中存在的不安全因素，努力消除人的思想和行为上的危险及有害因素，实现本质安全化。

（2）预防原则

即当消除危险有困难时，可采取预防性技术措施，如增加防护罩、高处作业系好安全带、按岗位作业标准作业等预防措施。

（3）减弱原则

即在无法消除危险源和难以采取预防措施时，可采取减少危害的措施，如降温、降噪、高温作业间断休息等。

（4）隔离原则

即在前者都无法实现的情况下，应将有害因素与人员隔开，如加隔离栏、防护棚等。

（5）连锁原则

即当操作者失误易造成伤害或设备运行达到危险状态时，通过连锁装置，终止危险进行。

（6）警告原则

即在易发生故障、事故或危险性较大的地方，配置醒目的识别标志，必要时可采用声、光等报警装置，如设置标志牌等。

89. 班组危险预知实施的步骤和方法有哪些？

员工上岗前特别是各类检修作业、施工作业前，必须开展危险预知活动，做到“三不开工”，即：没有进行危险预知不开工，没有安全交底不开工，没有安全监护人不开工。

实施危险预知的步骤与方法如下：

第一步是根据作业内容进行危险辨识。职工按照相关的技术标准，查找作业项目中的危害因素，从而了解可能产生的危险。

具体措施：班组长在班前会上，首先检查组员的工作服穿戴是否规范和作业前精神状态是否良好；班组长总结上一个班的工作，分析是否会给本班带来危险；安排布置本班工作任务，进行安全交底，明确责任人、安全监护人、作业时间、作业地点和环境状况；班组长向组员询问，进行此项工作有什么潜在的危险（包括固有的、作业中产生的）；组员要把自己假想为已经置身于作业当中，尽力找出有何危险因素（包括人、机、物、环境、管理等方面的不安全因素），积极大胆地发言，充分发挥自己的想象力，不论是否正确；推想找出的危险

因素会引发的影响（可能不止一种后果，应尽可能找全），进行讨论；班组长就大家找出的危险，逐一进行宣读确认，避免漏掉不是主要的却是危险的项目。

第二步对找出的危险因素进行分类，通过大家的讨论，从诸多危险中找出大家一致认为是危险且易造成伤害的因素。

具体措施：班组长应对每个组员进行询问，检查确认是否都对找出的危险了解和有所重视；对查出的危险因素进行适当分类。第一类："这个危险不会造成伤害的"。第二类："这个因素可能造成危险的"。将第一类问题剔除，从剩下的第二类问题中，进行第二次分类，即大家认为最有可能造成伤害的因素，不能靠举手表决，也不能靠班组长的主观臆断，而应以客观事实、科学推理为依据，要分析得细、分析得透。班组长第二次向大家确认，对这样的重要因素大家必须记清楚。

第三步是制定技术措施。根据前面查找出的重要危险因素，有针对性地制定出合理、有效的措施，并进行确认。

具体措施：对第二类中的重要危险因素，班组长向组员或组员之间相互提问，启发大家思考；集体讨论，拿出切实可行的措施；对具体措施进行分类，把"作业前必须马上实施的事、必须干的事"作为重点实施项目定下来；把班组的目标定位在处于危险状况的作业靠采取措施实现安全作业的要求；班组长就确定的内容对组员进行最后的确认，看是否有遗漏的危险和措施。

[相关链接]

危险预知后，要根据预知结果进行逐项落实，如果作业现场发生意想不到的情况，还应适时纠正预知结果，并及时通知到每一个作业员工。要做到作业前静思一分钟，即静思危险预知中确认的作业危险存在的特征、原因及应采取的措施方法，静思自己的一举一动如何在作业中避免危险，要做到有完全的心理上和行动上的把握才可以行动；作业中沉思一分钟，即检查作业中的一举一动是否符合岗位作业标准、安全检查表以及危险预知结果的要求；作业后反思一分钟，反思作业行为的合理性，是否按预知的要求进行了落实，一旦发现存在还没有做好的行为，提醒自己下次加以注意，并在下次的班前会上进行说明，与其他组员进行交流。检查行为后果是否满足了技术上、设备上、安全性能上的要求，以免自己一时的不经意，给自己或他人留下危险。

在进行危险预知训练的时候，以 5~6 人为宜，选出一人主持，一人记录，一人负责讲解。可采用对照检查的方式，充分依靠班组成员的智慧和经验。在班组长主持召开、全体成员参加的危险预知预警活动上，班组成员可根据自己的经验和掌握的信息，各抒己见，畅所欲言。

90. 什么是“工前五分钟”活动?

“工前五分钟”活动是利用作业前的较短时间，在作业现场对有关的作业人员、工具、对象、环境进行“四确认”，并将危险预知训练活动提出的事故预防措施落实到作业中去。

一般来说，班组长应至少提前30分钟进入生产现场，用“一看”（看现场，看设备，看记录）、“二听”（听上一班的交接，听工人谈生产、谈安全、谈问题）、“三问”（问是否有反常情况，本班该注意什么）的方法，做到切切实实对安全生产情况心中有数，并针对存在的隐患制定相应的对策。

当班组内的设备、工艺、环境、人员情况有变化时，应及时做好危险预知活动。

[知识学习]

“工前五分钟”活动一般和班前会一起进行。

91. 什么是“6S管理”活动？

“6S管理”起源于日本，是在“4S管理”的基础上分别增加了“素养”“安全”扩展而来的。所谓“6S管理”，是指对生产现场中的人员、机器、材料、工具等生产要素所处的状态不断进行整理、整顿、清扫、安全、清洁及提升人的素养的活动。由于整理（seiri）、整顿（seiton）、清扫（seiso）、安全（safety）、清洁（seiketsu）、素养（shitsuke）这六个词在日语的罗马拼音中的第一个字母均为“S”，所以简称“6S”。

[知识学习]

“4S”最早是从日本丰田公司的现场管理实践中总结出来的管理方法，后来经过实践应用，发展成为“5S”“6S”等。

92. “6S管理”活动的基本内容是什么？

“6S管理”活动的对象为现场的环境和人。其基本内容为：

（1）整理

区分哪些是有用的、哪些是无用的东西，然后将无用的东西清除出现场，只留下有用的东西。

（2）整顿

将工具、器材、物料、文件等的位置固定下来，并明确数量及进行标志，以便在需要时能够立即找到。

（3）清扫

清扫到没有脏污的干净状态，注重细微之处。

（4）安全

清除事故隐患，排除险情，保障职工的人身安全和生产正常进行。

（5）清洁

维持整理、整顿、清扫、安全后的没有脏污的干净、整洁的状态，并进行标准化。保持个人的清洁卫生。

（6）素养

培养遵守规章制度、积极向上的工作习惯，养成良好的文明习惯及团队精神。

[知识学习]

“6S管理”主要是针对企业中每位职工的日常行为提出要求，倡导从小事做起，力求使每位职工都养成事事“讲究”的良好习惯。

93. “6S管理”活动对班组安全生产有什么促进作用？

实行“6S管理”的目的是：搞好现场文明生产、安全生产，改变工作环境，养成良好的工作习惯和生活习惯，提高工

作效率和工人的素质，最终提升人的素质，为企业造就一个高素质的优秀群体。

要创建无事故、舒适而明快的工作环境场所，关键在于及时处理无用物品，理顺有用物品，做到物品的拿取简单方便，安全保险。由于“6S管理”提出的目标简单、明确、易行，所以在我国很多企业得到了很好的推广应用。

[相关链接]

“6S管理”的对象，既有现场的环境，又有现场的“人”，对生产现场环境的全局进行综合考虑，并制订切实可行的计划与措施，从而达到规范化管理。“6S管理”的核心和精髓是素养，如果没有职工队伍素养的相应提高，“6S管理”就难以开展和坚持下去。

创建班组安全文化

94. 什么是企业安全文化?

一般意义上来说，安全文化是指个人和集体的价值观、态度、想法、能力和行为方式的综合产物，它取决于保障安全生产管理上的承诺、工作作风和技术精通程度。

从广义上来说，安全文化是指人类生存、繁衍和发展的过程中，在人类生产、生活及生存实践的一切领域内，为保障人类的身心安全与健康，并使其能舒适、高效地从事生产、生活，避免和消除伤亡事故和毒害、病痛，建立起安全可靠的、和谐的人—机—环境运转体系，使人类健康、长寿，使世界太平久安而创造的一种特殊的文化和精神领域的文明氛围。

安全文化是人类文化的组成部分。安全文化在工业领域的运用就成了企业安全文化，与行政或管理工作相结合就成了安全生产管理文化。把安全文化的内容引入不同的领域继承和创建班组安全文化创造保障人的身心安全健康并使其能舒适地、高效地从事创造性的生产的物质和精神形态的东西，均可称为某领域的安全文化。安全文化其核心问题是保护人，它具有社会属性和自然属性，与人—机—环境—技术系统密切相关。

[相关链接]

安全文化的具体功能可归纳为以下三个方面：

（1）规范人的安全行为

使每一个社会成员都能意识到安全的涵义、对安全的责任、应具有的道德，从而能自觉地规范自己的安全行为，也能自觉地帮助他人规范安全行为。

（2）组织及协调安全管理机制

安全管理与其他的专业性管理不同，它不像生产管理、材料管理、设备管理等那样局限于对企业的某一个方面或某一部分人的管理，而是对企业一切方面、一切人员的管理，还承担着对社会人的安全法规、安全知识的宣传。这就要求使企业的一切部门、一切人员都为实现安全生产协调一致、规范运作，不能出现梗阻，要做到这一点，只有安全文化能使之具有共同的安全行为准则。

（3）使生产进入安全高效的良性状态

实践证明，单纯依靠改善生产设备设施并不能保证企业安全高效有序地运行，还必须要有高水平的管理和高素质的员工。不论是提高安全管理水平，还是提高员工的安全素质，安全文化都是最根本的基础。安全文化的目的，就是要提高安全管理人员的管理水平，并通过安全管理人员再提高企业员工的安全素质。

95. 企业安全文化有哪些具体体现?

从文化的形态来说，安全文化的范畴包涵安全观念文化、安全行为文化、安全管理制度文化、安全物态文化等。安全观念文化是安全文化的精神层，安全行为文化和安全管理文化是安全文化的制度层，安全物质文化是安全文化的物质层。

（1）安全观念文化

安全观念文化主要是指决策者和大众共同接受的安全意识、安全理念、安全价值标准。安全观念文化是安全文化的核心和灵魂，是形成和提高安全行为文化、制度文化和物态文化的基础和原因。目前我们需要建立的安全观念文化是：预防为主的观念；安全也是生产力的观点；安全第一的观点；安全就是效益的观点；安全性是生活质量的观点；风险最小化的观点；最适安全性的观点；安全超前的观点；安全管理科学化的观点等。同时还有自我保护的意识，保险防范的意识；防患于未然的意识等。

（2）安全行为文化

安全行为文化指在安全观念文化指导下，人们在生活和生产过程中的安全行为准则、思维方式、行为模式的表现。行为文化既是观念文化的反映，同时又作用和改变观念文化。现代工业化社会需要发展的安全行为文化是：具有科学的安全思维方式；建设“学习型组织”；强化高质量的安全学习；执行严格的安全规范，提高安全法规标准的执行力；进行科学的安全领导和指挥；掌握必需的应急自救技能；进行合理的安全决策和操作等。

（3）安全管理（制度）文化

安全管理文化是企业行为文化中的重要部分，管理文化指对社会组织（或企业）和组织人员的行为产生规范性、约束性影响和作用，它集中体现观念文化和物质文化对领导和员工的要求。安全管理文化的建设包括，从建立法制观念、强化法制意识、端正法制态度，到科学地制定法规、标准和规章，严格的执法程序和自觉的执法行为等。同时，安全管理文化建设还包括行政手段的改善和合理化；经济手段的建立与强化；科学管理方法得到推行普及等。

（4）安全物质文化

安全物质文化是安全文化的表层部分，它是形成观念文化和行为文化的条件。从安全物质文化中往往能体现出企业领导者的安全认识和态度，反映出企业安全管理的理念和哲学，折射出安全行为文化的成效。所以说物质是文化的体现，又是文化发展的基础。企业生产过程中的安全物质文化体现在：一是人类技术和生活方式与生产工艺的本质安全性；二是生产、生活中所使用的技术、工具、装置、仪器等物态本身的安全条件和安全可靠性；三是有形的安全文化氛围（标识、警示、声光环境、人文器物等）。

[相关链接]

企业安全文化还具体体现在安全生产方面的思维方式在企业每个员工中已铭刻在脑海，安全生产的意识已深入人心，使生产与经营者自然会按照安全生产操作规程办事，人人都是安全员，人人都会从保护自己、保护他人、保护企业财产的角度思考问题。

96. 企业安全文化建设的方法与途径有哪些？

（1）构建安全文化理念体系，提高职工安全文化素质安全文化理念是人们关于企业安全以及安全管理的思想、认识、观念、意识，是企业安全文化的核心和灵魂，是建设企业安全文化的基础，安全文化理念也是企业的安全承诺。企业要认真建立本企业的安全文化理念，一是要结合行业特点、企业实际、岗位状况以及文化传统，提炼出富有特色、内涵深刻、易于记忆、便于理解的，为职工所认同的安全文化理念并形成体系；二是要宣贯好安全文化理念，通过企业板报、电视、刊物、网络等多种传媒以及举办培训班、研讨会等多种方法，将企业安全文化理念根植于全体员工中；三是要固化好安全文化理念，将安全文化理念让职工处处能看见、时时有提醒、事事能贯彻，进而成为企业员工的自觉行动。

（2）加强安全制度体系建设，把安全文化融入企业管理全过程

安全制度是企业安全生产保障机制的重要组成部分，是企业安全理念文化的物化体现，是员工的行为规范，它包括各种安全规章制度、操作规程、厂规、厂纪等。加强安全制度体系建设，要重点抓好五个方面的工作：一是建立、健全安全生产责任制，做到全员、全过程、全方位安全责任化，形成“横向到边、纵向到底”的安全生产责任体系；二是抓好国家职业安全健康法律、法规的贯彻、执行；三是根据法律、法规的要求，结合企业实际，制定好各类安全生产的规章制度；四是要抓好安全质量标准化体系的建设，做到安全管理标准化、安全技术标准化、安全装备标准化、环境安全标准化和安全作业标准化；五是抓好制度的执行，不断强化制度的执行力。

（3）建立健全的安全管理模式，形成良性循环的安全运行机制

科学、合理、有效的安全管理模式属于安全文化建设的重

要范畴，它是现代企业安全生产的根本保证。目前，在机械制造企业中开展安全质量标准化活动、建立职业健康安全管理体系等都是一种良好的载体，使安全文化建设有了依托，通过规范企业的行为，达到提升企业安全生产条件。规范化的建设，可以从以下几个方面展开：

1）在规范员工行为方面：一是通过教育（演讲、演出、广播、电视、会议、板报等），规范人的安全理念，增强安全责任感，提高达到“我要安全”的意识；二是通过相应的规章制度（安全生产责任制、安全操作规程、安全生产奖惩制度等）规范人的行为符合安全生产要求；三是通过各种安全培训考试，如：上岗培训、应急演练等，规范各类人员在操作中技能要达到的安全要求，确保实现人的本质安全化。

2）通过对设备设施的定期或不定期的检查，认真的评估以及技术改造，力争达到设备设施“零”缺陷，使“硬件”达到安全技术标准，始终处于安全、良好的状态，实现物的本质安全化。

3）通过对生产岗位的工作环境改造，达到规范、卫生、整洁，提高人的心理状态，减少环境对操作人员的影响，从而精力集中、心情舒畅地上岗操作，实现环境的本质安全化。

（4）建立现代企业有效、敏锐的安全信息管理系统

为营造良好的安全文化，企业需要建立一个有效、敏锐的安全信息管理系统，并创造条件使员工积极地使用。通过这个安全信息管理系统，企业可以有计划、有步骤、有目的地对员工进行安全生产方针、政策和法律、法规的教育；定期分专业组织开展安全技术培训；开展技术练兵活动，利用安全例会传达上级部门的安全生产要求及会议精神，通报安全生产信息、分析安全生产形势等。

（5）建立和完善安全奖惩机制

建立和完善安全奖惩是一种激励机制，是推动企业安全文化建设的重要手段，一是要适时组织安全专业考试；二是经常组织安全知识竞赛、安全技能练兵，对优胜者实行重奖；三是对违反操作规程，不按规定程序办事的人按照奖惩标准进行处罚。

构建现代企业安全文化，要教育、培训员工接受并认同企业一系列安全生产规章制度，达到认识、意志、语言和行动上的统一，并据此养成习惯。使广大员工理解安全生产是生产力，它不但能够间接创造效益，而且也能够直接创造效益的理念。

（6）建立“学习型”组织，是推进安全文化建设的根本

企业安全文化建设是一个长期的过程，要使安全文化融入每个员工的意识中，并成为自觉行动必须通过系统的培训学习。学习过程是个理念认同过程，是提高安全意识、安全操作技能的过程。使广大员工从“要我安全”到“我要安全”，进而“我会安全”，更要突出国际、国内先进管理方法、管理模式的学习，通过学习，不断改变旧的思想理念，不断创新管理模式，适应新形式下安全管理的严要求、高标准。

[知识学习]

企业安全文化活动的具体内容应该包括以下几个方面：安全生产教育活动；安全生产科技活动；安全生产管理活动；安全生产宣传活动；安全生产检查活动。安全生产宣传活动一般包括：

（1）标志建设：通过安全生产标语、安全生产标志、事故警示牌等对企业从业人员进行宣传、警示、强化意识的教育。

（2）传统的宣传活动：如安全生产宣传墙报、安全生产周（月）、安全生产竞赛活动、安全生产演讲、事故报告会等。

（3）现代的宣传活动：如安全生产文艺、安全生产文化宣传月、事故教训日、安全生产贺年（节）、青年安全生产宣传活动等。

97. 什么是班组安全文化?

班组安全文化是企业文化的一个组成部分，是班组管理机构在组织班组生产作业过程中以及班组成员在班组生产过程中，为维护自己免受意外伤亡或职业伤害困扰而创造的各类物质的以及意识形态领域成果的总和。所以，班组安全文化建设是一项安全系统工程。如果说企业是安全生产系统的机体，那么班组就是这一机体的细胞，而班组员工则是企业安全生产的主体。班组安全文化建设的最终目的就是实现安全生产，保护员工生命安全。

班组又是企业安全生产管理的落脚点，作为企业的领导，有责任指导和帮助班组抓好安全文化建设。作为班组，特别是班组长，则应充分认识安全文化建设在班组建设中的重要地位和作用，自觉抓好班组安全文化建设。

[相关链接]

企业安全文化建设的难点是执行层，焦点是现场员工素质，关键是班组安全文化。企业安全生产的最终归宿是班组，是员工，安全生产的目标是为了员工的生命安全和健康保障，企业安全生产的实现最终要落实到现场单元作业，要依靠班组和员工的安全操作来实现。因此，企业安全文化建设要遵循“员工为本、岗位为标、现场为实、班组为主”的安全生产保障原则。

一般来讲，企业员工应尽的职责主要有：

（1）认真学习和严格遵守各项规章制度，不违反劳动纪律，不违章作业，对本岗位的安全生产负直接责任。

（2）精心操作，严格执行工艺纪律和操作纪律，做好各项记录，交接班必须交接安全情况，交班要为接班创造安全生产的良好条件。

（3）正确分析、判断和处理各种事故苗头，把事故消灭在萌芽状态。如发生事故，要果断正确处理，及时如实地向上级报告，并保护现场，做好详细记录。

（4）按时认真进行巡回检查，发现异常情况及时处理和报告。

（5）正确操作、精心维护设备，保持作业环境整洁，搞好文明生产。

（6）上岗必须按规定着装，妥善保管、正确使用各种防护器具和灭火器材。

（7）积极参加各种安全活动、岗位技术练兵和事故预知训练。

（8）有权拒绝违章作业的指令，对他人违章作业加以劝阻和制止。

98. 如何创建班组安全文化？

企业可以从以下几个方面着手，打造班组安全文化：

（1）严把班组长素质关

企业应该对班组长进行全方位、多角度的素质培训教育，以更大程度地增加他们的安全文化知识，提升他们的安全生产素质。

（2）推行班组自我管理与全员参与

鼓励班组成员进行自我管理，鼓励他们积极参与班组安全文化建设，变他律为自律，变他责为自责。

（3）实施员工亲情教化

例如，对一般性“三违”的员工采取批评教育、当场指正，不罚款的方法；对“三违”较严重的员工进行罚款，事后给其家属“送红包”以取得其家属的帮助，通过其家属对其进行“亲情教育”；对多次“三违”屡教不改者，就依法“吊销”其“执照”，对其施以待岗培训。

（4）建立作业现场员工行为标准

例如：进行“6S管理”；实施安全生产巡检“警示制”，让作业员工定期到现场按一定巡检路线进行安全生产检查，并在现场进行挂牌警示，以防止员工误操作引发事故。

（5）进行班组培训优化

可以采取灵活多样的培训、教育方式对不同层次的员工（包括班组长、安全员、员工、特种作业人员等）进行培训。

（6）实施设备、设施“确认操作制”

为了防止由于误操作而导致事故发生，班组成员在操作前可以实施“顾、查动、验”的“确认操作制”。

（7）实施作业现场健康条件标准化

制定现场卫生清洁标准，置备适量救护车辆、通信系统以及具有卫生急救和基本心理健康方面知识的卫生人员。

（8）实施系统化、科学化的班组安全生产管理

例如，班组可以通过开展班前“三指”活动（即指明上一班完成任务情况、指明安全生产规程和应当注意的问题、指出当班任务与具体要求）；实施“六预行为”（预想、预知、预查、预防、预警、预备）安全生产管理模式等。

（9）举办班组安全文化活动

举办班组安全文化活动，充分调动他们参与安全文化活动的积极性。

[知识学习]

“顾、查、动、验”确认操作制即：回顾本岗位的操作程序、动作标准以及安全操作规程；查看人机结合面是否存在隐患与缺陷；按标准动作操作设备、设施；验证设备、设施反馈的信息是否正确，确认所操作的设备、设施。

99. 实现班组安全文化的主要途径有哪些？

班组安全文化建设的主要途径有：

（1）发动职工制定加强班组安全文化建设的规划。

（2）要把安全文化建设与日常安全生产管理工作有机结合起来。

（3）在班组安全文化建设中应防止出现错误的思想观念。

（4）通过教育培训，让职工了解安全文化的内涵及作用，使广大职工成为安全文化的传承者和开拓者，从而将他们的安全生产素质提高到更高的层次。

[相关链接]

影响生产安全的因素主要是人的不安全行为、物的不安全状态和环境的不安全因素，而物的状态和环境因素大都可以通过加大投入和检查确认人的行为来加以改善甚至改变。因此，激发人的安全工作热情，提高人的安全意识，规范人的作业行为，是保障生产安全的最有效的措施。

正确选择激励方法是实现安全需求的捷径，激励的方法众多，每种方法都能在某种程度上激励员工。

（1）目标激励

就是通过确立工作目标来激励员工。每年年初，企业明确年度安全生产目标并分级分层细化分解直至员工个人安全目标，将员工个人目标与企业目标有机结合起来。企业安全目标是实现“零”事故，而员工的个人安全目标是确保自身不受伤害，两者间具有一致性。

（2）奖惩激励

奖励是一种“正激励”，是对员工的某种行为给予肯定，使这个行为能够得以巩固、保持。而惩罚则是一种“负激励”，是对某种行为的否定，从而使之减弱、消退，恰如其分的惩罚不仅能消除消极因素，还能变消极因素为积极因素。奖励和惩罚是两种不可缺少的手段，都是激励员工的有效工具，忽视任何一方都是不正确的。对有功的员工奖励必然伴随着对无功或有过员工的惩罚。企业管理者在运用奖惩手段时要做到二者相结合，不可分割。在运用奖惩激励时，应该以正激励为主，以负激励为辅，不可平等对待，主次不分。要把握合适的力度、时间和范围，要本着实事求是，秉公无私的原则，最终体现在员工受到鼓励、警示和受教育上。准确把握激励原则是实现安全需求的关键，正确地运用激励原则，可以提高激励的效果，达到预先设定的管理目标。

激励原则的运用需要考虑的因素：一是要准确地把握激励时机；二是选择适当的激励频率，激励频率恰当才能有效发挥激励的作用；三是合理设置激励程度，使被激励者产生继续前进的动力；四是正确地确定激励方向，即针对什么样的内容来实施激励。

100. 班组安全文化建设应该克服哪些错误观念？

（1）认为班组只要按照上级的要求，抓好日常安全生产管理工作就行了，抓安全文化建设是多此一举，班组搞没有多大必要。这种认识是没有看到安全文化建设对班组日常安全生产管理工作中的重要作用。

（2）认为抓安全文化建设是上级领导和机关的事，与班组关系不大。其实，企业安全文化建设的基本要求，归根到底要落实到班组，落实到每个职工，只有班组的安全文化建设加强了，整个企业的安全文化建设才会有牢固的基础。

（3）认为班组安全文化建设只是抓虚的，不是抓实的，是物质条件不足以精神来补。其实，安全文化是人类安全活动所

创造的安全生产和安全生活的观念、行为、物态的总和，它包括安全精神文化和安全物质文化。作为班组必须坚持两手抓，两手都要硬。

（4）认为班组安全文化建设这个题目太大，应达到什么标准不好把握。实际上加强安全文化建设的标准与日常安全生产管理工作的标准是一致的。

[相关链接]

班组安全文化建设不是能够一蹴而就、立竿见影的。要搞好班组安全文化建设，就必须坚持以人为本、科技先行、尽职尽责的原则，确保实现基层班组安全文化建设的规范化、完整性和实用性，做到上下联动、左右协调，才能逐步形成独具行业特色的班组安全文化。